I0129772

par Ballanche.

4022y.

ESSAIS

DE

PALINGÉNÉSIE

SOCIALE.

TOME I.

Cet ouvrage, quant à présent, n'étant point destiné au public, n'a été tiré qu'à un petit nombre d'exemplaires ; et ces exemplaires, qui ne sont, pour ainsi dire, que des épreuves soignées, doivent être considérés comme des copies manuscrites d'un livre qui n'a pas reçu la dernière main, pour lequel on demande encore du temps, et sur-tout des conseils.

L'auteur, avant de se décider à une édition définitive, si toutefois elle doit jamais avoir lieu, a donc voulu se réserver la faculté de revoir son ouvrage dans son ensemble, et revêtu de cette forme extérieure de l'impression, qui donne à un écrit plus de relief et de netteté. Il pourra mieux consulter ses amis connus et inconnus ; il pourra mieux se consulter lui-même ; enfin il pourra faire tous les changements qui lui seront indiqués, soit par un nouvel examen, soit par les observations que l'on voudra bien lui adresser.

L'ouvrage se compose de cinq volumes, divisés, par la nature même des sujets, ainsi qu'il suit :

Vol.   I.   Prolégomènes.

      II.   Orphée.

     III.   Formule générale de l'histoire de tous les peuples, appliquée à l'histoire du peuple romain.

    IV.   La ville des expiations.

     V.   Ire partie. Élégie.

           IIe partie. Notes explicatives et complémentaires de tout l'ouvrage.

ESSAIS

DE

PALINGÉNÉSIE

SOCIALE.

Magnus ab integro sæclorum nascitur ordo.
VIRG. *Egl.* IV.

TOME PREMIER.

PROLÉGOMÈNES.

PARIS,

IMPRIMERIE DE JULES DIDOT AINÉ,

IMPRIMEUR DU ROI.

MDCCC XXVII.

DÉDICACE.

Je veux exprimer la grande pensée de mon siècle. Cette pensée dominante, profondément sympathique et religieuse, qui a reçu de Dieu même la mission auguste d'organiser le nouveau monde social, je veux la chercher dans toutes les sphères des diverses facultés humaines, dans tous les ordres de sentiments et d'idées; je veux, si je puis, en signaler toutes les métamorphoses successives. J'en suivrai la trace, autant qu'il me sera donné de l'apercevoir, au travers des traditions et des évènements, parmi toutes les régions de l'intelligence et de l'imagination, depuis la source reculée où elle se cache dans le sein des origines jusqu'à l'instant de complète évolution où, pleinement développée dans les esprits dont elle est l'ame et la vie, elle doit se révéler enfin par les plus éclatantes, les plus irrésistibles manifestations. Il faudra donc dire tantôt nos regrets, tantôt peut-être nos dédains, pour le passé; nos efforts généreux ou intéressés, harmoniques ou individuels, comme nos découragements, et même nos vaines révoltes, pour le présent; nos espérances quelquefois affermies, plus souvent incertaines et douteuses, pour l'avenir. Oui, cette pensée intime, divinement assimilatrice, puise sa substance et sa force dans tout ce qui a été, dans tout ce qui est, dans tout ce qui doit être; et, par sa nature, elle tend à devenir l'élément premier de toute civilisation, c'est-à-dire une croyance.

Le présent, le passé, l'avenir; relativement à la société en général, peuvent donc, à toutes les époques, et sur-tout aux époques de fin et de renouvellement, offrir le sujet de trois épopées réunies par une pensée unique, ancienne dans un ordre de choses et d'idées, nouvelle dans un autre ordre, et néanmoins toujours identique et toujours homogène; et ces trois épopées ainsi réunies ne formeraient qu'une seule et vaste trilogie. C'est ce que j'ai entrepris pour la société actuelle, héritière elle-même de tant de sociétés antérieures, façonnée par tant d'états préparatoires, et qui subit, en ce moment, la douloureuse épreuve d'une immense transformation.

Le génie audacieux du Dante conçut un projet semblable à celui qui m'occupe. Pour peindre son siècle, il voyagea dans les trois mondes qui, pour lui, représentaient toute l'initiation du genre humain: tel fut le sujet de son triple cantique, monument si extraordinaire de l'imagination la plus féconde et la plus puissante, tableau passionné, énergique et sombre du moyen âge, dont le règne farouche expire à peine, sorte de cosmogonie sociale et poétique, qui a créé, dans toutes nos littératures modernes, ce qu'elles ont de spontané et d'indépendant des imitations classiques.

Ainsi que le Dante, je veux visiter les lieux infréquentés de la foule, les lieux qu'habitent les intelligences, où est le berceau mystérieux de toutes les destinées humaines. Mais je dois écarter de moi ces terribles évocations qui jettent l'épouvante dans les ames : le moyen âge se retire avec ses rigueurs et ses servitudes; le christianisme, loi d'émancipation et de grace, a conquis la sphère civile tout entière; l'initiation, dépouillée de ses terreurs, de ses mythes redoutables, désormais, sans doute, sera douce et pacifique.

Les idées gouvernent les esprits avant de gouverner les corps: ces reines immortelles, que l'œil ne peut voir, dont le sceptre ne peut être brisé, règnent long-temps sur nous, à notre insu, car un temps s'ignore; et lorsqu'elles viennent dans le monde réalisé se saisir de l'empire légitime qui leur appartient, elles restent encore, pour le plus grand nombre, obscurément en-

fouies au fond des choses. C'est pourquoi le spectacle du monde réalisé ne dit rien à ceux qui n'ont pas pénétré dans le monde des idées ; Platon le savait bien.

Béatrix abaissa, en quelque sorte, les gloires célestes, afin de pouvoir y introduire un être doué de toutes les facultés de la poésie, mais en qui ces facultés éminentes étaient comprimées par des organes mortels ; et, pour rendre accessibles les faits divins aux sens trop grossiers d'un enfant de la terre, il a fallu les enfermer dans la forme admirable du symbole. Au reste, le symbole primitif, tel qu'il fut à l'origine des choses, témoigne magnifiquement des condescendances paternelles de la Providence divine à l'égard de sa faible créature.

S'il fut donné au Dante de se rendre l'expression puissante de son temps, qui me donnera d'être l'expression vraie du mien? qui rendra moins téméraire le projet que j'ai formé? qui abaissera pour moi les gloires célestes? de qui tiendrai-je le rameau d'or de l'initiation? qui me présentera les faits divins sous la forme accessible du symbole? Toutefois le symbole actuel ne peut plus être le symbole primitif, les condescendances divines devant changer selon les progrès du genre humain.

Un artiste entouré d'une grande renommée, un statuaire qui naguère jetait tant d'éclat sur la patrie illustre du Dante, et dont les chefs-d'œuvre de l'antiquité avaient si souvent exalté la gracieuse imagination, un jour, pour la première fois, vit une femme qui fut, pour lui, comme une vive apparition de Béatrix. Plein de cette émotion religieuse que donne le génie, aussitôt il demande au marbre, toujours docile sous son ciseau, d'exprimer la soudaine inspiration de ce moment ; et la Béatrix du Dante passa du vague domaine de la poésie dans le domaine réalisé des arts. Le sentiment qui réside dans cette physionomie harmonieuse, maintenant est devenu un type nouveau de beauté pure et virginale, qui, à son tour, inspire les artistes et les poètes.

Cette femme, dont je veux taire ici le nom, que je veux laisser voilée, comme fit le Dante, est douée de toutes les sympathies généreuses de ce temps. Elle a visité, avec le petit nom-

bre, le lieu qu'habitent les intelligences : c'est dans ce lieu de paix immuable, d'inaltérable sécurité, qu'elle a contracté de nobles amitiés, ces amitiés qui ont rempli sa vie, qui, nées sous d'immortels auspices, sont également à l'abri du temps et de la mort, comme de toutes les vicissitudes humaines.

Je m'adresse donc à celle qui a été vue comme une vive apparition de Béatrix. Puisse-t-elle m'encourager de son sourire, de ce sourire sérieux d'amour et de grace, qui exprime à-la-fois la confiance et la pitié pour les peines de l'épreuve, pour les ennuis d'un exil qui doit finir ; présage douxet serein, où se lit, dès à présent, la certitude de nos espérances infinies, la grandeur de nos destinées définitives !

PRÉFACE.

Un savant laborieux et modeste, dont le nom est resté cher à toutes les ames religieuses, et qui a été justement appelé le bramine de l'histoire naturelle, Charles Bonnet, a écrit un traité pour montrer comment, dès le temps même de son existence passagère, l'être mortel peut manifester en lui l'être immortel, comment l'être impérissable et incorruptible est contenu dans l'être corruptible et périssable; et, voulant que le titre seul du traité qu'il méditait représentât tout de suite l'idée de cette glorieuse évolution, de cette grande métamorphose de l'homme, il a cru devoir nommer son livre la *Palingénésie philosophique.*

Ce que Charles Bonnet a essayé pour l'homme individuel, je l'ai tenté pour l'homme collectif : l'ouvrage que j'imprime aujourd'hui a été écrit tout entier dans cette vue. Ainsi les divers essais dont il se compose, très distincts quoique très analogues entre eux, ont été inspirés par le même sentiment, celui de la sympathie sociale; ils sont dominés par la même pensée générale, celle de la condition imposée à l'homme de vivre en société, de n'être que par elle; enfin ils sont également consacrés à retracer, sous des formes variées et quelquefois symboliques, la peinture de toute transformation des sociétés humaines.

L'homme, hors de la société, n'est, pour ainsi dire,

qu'en puissance d'être. Il n'est progressif et perfectible que par la société.

L'homme est destiné à lutter contre les forces de la nature, à les dompter, à les vaincre : si, durant cette lutte pénible, il veut prendre quelque repos, c'est lui qui est dompté, qui est vaincu; il cesse, en quelque sorte, d'être une créature intelligente et morale.

Cette lutte contre les forces de la nature est une épreuve et un emblème; le véritable combat, le combat définitif, est une lutte morale.

Enfin la providence de Dieu, qui n'a jamais cessé de veiller sur les destinées humaines, a voulu qu'elles fussent une suite d'initiations mystérieuses et pénibles, pour qu'elles fussent méritoires comme foi et comme labeur.

Tels sont les principes dont je desire établir la conviction intime, affermir et fortifier le sentiment profond. En un mot, le haut domaine de la Providence sur les affaires humaines, sans que nous cessions d'agir dans une sphère de liberté; l'empire de lois invariables régissant éternellement, aussi bien que le monde physique, le monde moral, et même le monde civil et politique; le perfectionnement successif, l'épreuve selon les temps et les lieux, et toujours l'expiation; l'homme se faisant lui-même, dans son activité sociale comme dans son activité individuelle : n'est-ce point ainsi que l'on peut caractériser la religion générale du genre humain, dont les dogmes plus ou moins formels, plus ou moins obscurcis, reposent dans toutes les croyances?

Ce n'est point là ce qu'on a voulu appeler la religion

naturelle. La religion naturelle du déiste est une erreur analogue à celle du contrat primitif dans l'institution sociale.

Je prends toujours mon point de départ dans les traditions.

Platon, après avoir peint à sa manière l'origine des choses, dit qu'il est impossible d'expliquer cette origine et la nature de la cause, et qu'il faut s'en rapporter à ces hommes divins qui étaient plus près du commencement; alors il se saisit des cosmogonies traditionnelles. Lorsque Platon parle du système du monde, il se sert d'une expression qui revient à celle-ci, quelqu'un m'a dit. Ce quelqu'un est, sans doute, le personnage inconnu qui, pour lui, aussi bien que pour nous, est le représentant ou le dépositaire de toute tradition.

C'est une formule de ce genre, et l'analogie de certaines doctrines, qui donnèrent lieu, dans les premiers siècles de notre ère, à considérer Platon comme appartenant à un christianisme antérieur, préparatoire pour la gentilité. Au reste, les mythes et les systèmes indiens n'ont été inconnus ni à Pythagore ni à Platon. Cela est prouvé par leurs brillantes excursions vers un monde contemplatif, et par la nature même de leurs symboles.

Sans doute il ne peut m'être donné de dévoiler le plan de la Providence, son dessein sur la grande famille humaine; car ce plan est caché dans des profondeurs inaccessibles à nos yeux, et ce dessein ne nous sera complétement révélé qu'après cette vie; mais du moins il me sera permis de montrer qu'il y a un plan et un dessein. Ce que nous voyons nous racontera une partie de ce que nous ne voyons pas; et toujours serons-nous autorisés à croire, de toutes nos forces religieuses les plus intimes, qu'une créature intelligente et morale ne peut être condamnée à subir une fin ignoble et misérable.

J'ai un autre but que je ne dois pas signaler d'avance : le lecteur saura bien le découvrir. D'ailleurs il est des choses qui ne s'expriment point, qui se font sentir.

Ce but, qui est le plus réel de tous, qui marque le plus les besoins de la société actuelle en Europe, ce but sera manifesté à-la-fois par toutes les parties de cette composition successive, qui forment une sorte d'épopée cyclique, et dont les principales, celles pour qui les autres ont été faites, sont *Orphée*, la *Ville des expiations*, une *Élégie*.

Mais il ne me suffisait pas de réunir tant d'objets si divers, je voulais encore les comprendre tous dans l'expression d'un titre général qui caractérisât, par lui-même, une telle unité de sentiment, de pensée, de peinture; il me fallait donc un nom qui, en s'appliquant à l'homme collectif, contînt à-la-fois l'idée de mort, et l'idée de résurrection, ou de restitution de l'être; car, à moins de quelque grande catastrophe qui les abolisse à jamais, les sociétés humaines, malgré leurs changements de formes, conservent aussi leur individualité, la conscience de leur identité morale. Le titre de *Palingénésie sociale* s'offrait naturellement à moi; je l'ai adopté.

Servius attribue à Platon la doctrine de la métempsycose, et à Pythagore celle de la palingénésie. Ce témoignage unique, à mon avis, est assez singulier pour qu'il vaille la peine d'être remarqué. Il serait possible en effet, mais ce n'est pas ici le lieu, il serait possible de démontrer que la philosophie italique primitive, cette reine de toutes les philosophies élevées, cette admirable héritière des théosophies antiques et des mythographies cosmogoniques, fut fondée sur la palingénésie. Il paraîtrait que le dogme de la palingénésie est le même que celui de la métempsycose, l'un ésotérique, et l'autre exotérique; ou plutôt, que le second est une transformation du premier. Platon a jugé à propos de revêtir le second des couleurs de sa brillante imagination. Ce dogme sert d'enveloppe à une idée philosophique très ancienne quoiqu'elle n'appartienne point encore à la poésie primitive; c'est celle de la vie considérée comme une épreuve. Toutefois, il faut bien en faire ici la remarque, la poésie qui fut réellement primitive nous est absolument inconnue; et, plus tard, nous chercherons s'il n'est pas possible d'en retrouver quelque trace. En un mot, la métempsycose est une extension du système des épreuves et des purifications, une transformation plus accessible à l'intelligence populaire.

En effet, sous un certain rapport, le genre humain pourrait être considéré comme le même individu passant par une suite de palingénésies.

Le génie d'un peuple, c'est ce qui fait que ce peuple est lui, et non tel autre : un peuple aussi est, en quelque sorte, un individu; il en est de même d'une race humaine.

Le génie d'un peuple résulte d'un fait primitif, d'un fait mystérieux analogue à un fait cosmogonique; s'il y a quelque possibilité de le signaler, il y a impossibilité absolue à l'expliquer: dans tous les cas, ce fait primitif, caché dans le secret des origines, gouverne un peuple tout le temps de son existence, et même après qu'il a cessé d'exister comme peuple.

Le génie d'un peuple et le génie de sa langue sont choses identiques.

Les principes généraux des langues, les principes généraux des sociétés humaines sont également choses identiques.

La nature du patriciat romain, signalée avec soin dans une des parties de cet ouvrage, jettera, je l'espère, un jour nouveau et immense sur ce qu'il y a de plus primitif dans les sociétés humaines, dans l'essence, si j'ose parler ainsi, des peuples et des races.

Ainsi donc, quoique ma pensée, en apparence, soit plus vaste que celle de Charles Bonnet, elle est cependant moins difficile peut-être à réaliser et à montrer aux autres; car, soyons-en convaincus, l'unité et l'homogénéité se manifestent bien plus, comme je viens de le faire entrevoir, lorsqu'on les cherche dans le genre humain, plutôt que lorsqu'on s'obstine à les chercher dans l'homme isolé, dépouillé à-la-fois de tous ses liens de sympathie, de solidarité, de perpétuité indéfinie, de ce qui est enfin au-delà de son existence passagère. Cette unité et cette homogénéité, si évidentes pour ceux qui veulent les observer, nous fourniront sans doute quelques heureuses explications de toutes les croyances

religieuses, et, par conséquent, des systèmes philosophiques, de ceux toutefois qui ne nient point les croyances religieuses.

Si l'analogie intime des divers ouvrages qui composent mon épopée cyclique m'a engagé à chercher un
titre général, j'ai ensuite, par la même raison, été
conduit à faire des prolégomènes, pour diriger le lecteur dans une route où ses propres pensées doivent
toujours servir de complément aux miennes, et j'oserai
dire, de lumière pour les éclairer, pour leur donner de
la vie et du relief. On le sait, un livre n'a de réalité
qu'autant qu'il ne fait que dévoiler ce qui existe; il n'a
d'influence qu'à proportion qu'il développe dans chaque
lecteur ce qui déja est en lui plus ou moins obscurément; tant il est vrai qu'un homme n'est rien par lui-
même, qu'il n'est rien tout seul, qu'il n'est quelque
chose que par les sympathies qui sont en lui, et par
celles qu'il réveille dans les autres! tant il est vrai enfin
qu'il faut que l'homme consente à faire partie d'un tout,
et que ce n'est qu'à ce prix qu'il peut entrer en pleine
jouissance de son individualité morale!

Les prolégomènes dont je viens de parler méritent
spécialement le titre de Palingénésie, que je donne à
l'ensemble lui-même : on sait que plusieurs tragédies
grecques ont reçu leur nom du chœur qui en fait partie,
et qui fut, pour le spectateur, comme le génie vivant
de la conception du poëte. Pour continuer cette comparaison avec les tragédies grecques, je dirai que la
Palingénésie sociale présente une sorte de trilogie, sous
le rapport de l'unité générale, et par la raison encore

que si ce n'est pas la même action continuée, c'est la même pensée, le même sentiment, à divers degrés, revêtus de formes différentes.

C'est donc ainsi que l'ouvrage qui a été conçu le dernier, qui n'a été fait qu'à l'occasion des autres, se trouvera ici le premier, et leur imposera un nom collectif.

Toutes mes méditations reposaient sur la vérité, mais sur une vérité philosophique; il leur fallait une base incontestable, un point d'appui certain et historique. Par de bonnes raisons, que j'aurai soin d'expliquer, j'ai cru devoir choisir les faits providentiels et générateurs dont la série continue forme la véritable individualité du peuple Romain. La série de ces faits, tirée de monuments incontestés, ou d'analogies si puissantes qu'elles sont égales à la certitude historique la mieux démontrée, m'a fourni, comme la preuve écrite de mes pensées, la réalisation de ce qui n'était que spéculatif. C'est le sujet d'un autre ouvrage, également en dehors de ma trilogie, telle que je l'avais conçue d'abord, et qui est, pour ainsi dire, le corollaire et le résumé de mes idées, de la même manière que mes prolégomènes en sont le théorème et la préparation; et il m'a offert, en même temps, l'occasion de les concentrer davantage, de les présenter sous une forme nouvelle plus précise; il se nomme : *Formule générale de l'histoire de tous les peuples, appliquée à l'histoire du peuple Romain.* Un tel titre paraîtrait peut-être ambitieux, si je ne pouvais affirmer qu'il est vrai dans toute l'énergie du mot. J'espère en effet y présenter le tableau exact du monde civil depuis sa naissance obscure et son berceau mystérieux jusqu'à son plus haut développement de force et de puissance; c'est l'initiation imposée par la Providence; c'est la destinée elle-même s'expliquant par des faits accomplis. La véritable place de cet écrit devrait être à la fin; mais j'ai cru plus convenable de l'intercaler entre l'Orphée et la Ville des expiations.

Les notes que j'ai rejetées à la fin, et qui sont fort considérables, je dois en prévenir, sont identiques avec toutes les compositions qui forment l'ouvrage général. Elles sont indispensables pour le compléter, pour rapprocher les différentes parties entre elles, et pour les assimiler; quelquefois elles servent à faire disparaître des contradictions apparentes, introduites par la succession même des pensées; souvent aussi elles offrent des explications d'autant plus utiles qu'elles s'appliquent à tous les objets, en les éclairant, en les résumant, en justifiant mes données et jusqu'à mes hypothèses; plus souvent encore, elles mettent sur la voie de nouvelles analogies et de nouvelles inductions.

Toutefois je suis loin d'avoir employé tous les matériaux que j'ai rassemblés; j'ai dû faire un choix; peut-être, un jour, tirerai-je de ceux que je n'emploie pas aujourd'hui un volume semblable, pour la forme, aux Stromates de saint Clément.

Un tel ensemble de choses n'a point été improvisé, il a été fait successivement; mais l'inspiration en est aussi complètement spontanée que possible : il est donc parfaitement un, parfaitement identique, parfaitement homogène; il doit donc faire naître dans tous les lecteurs une impression générale parfaitement une, parfaitement

identique, parfaitement homogène. C'est dans cette impression générale que se trouvera la manifestation du but
dont je parlais tout-à-l'heure, et que je ne puis signaler
d'avance, puisque c'est là qu'il est tout entier. Chaque
lecteur est donc en effet tenu de faire le livre que je
n'ai point fait.

Ainsi mon véritable livre, qui ne sera point écrit,
résultera de l'impression générale qui doit rester à
chaque lecteur. En cela je ressemble aux initiateurs des
Mystères et aux fondateurs d'écoles philosophiques anciennes. Eux non plus n'écrivaient point, ils disaient.
Leur doctrine se faisait elle-même. Selon le témoignage
de l'antiquité, la sibylle qu'à Thébes on nomma Sphinx
s'adressait à ceux seulement qui pouvaient, qui devaient
deviner ses énigmes.

Les temps et les circonstances ont changé souvent
autour de moi pendant que j'ordonnais les différentes
parties qui composent la Palingénésie sociale; il sera
facile de s'en apercevoir. Je n'ai cependant aucune raison pour modifier ces différentes parties, ni dans leur
ensemble, ni dans leurs détails. Tout restera ce qu'il est,
c'est-à-dire avec sa forte empreinte de spontanéité, et
avec les légères inflexions qui peuvent résulter soit de
la succession de mes propres idées, soit de la mobilité
des évènements et des systèmes.

Encore à présent, lorsque l'on réimprime Amyot, on
a soin de conserver les orthographes successives des
quatre régnes sous lesquels ce traducteur a vécu. En
vérité, les légères inflexions que l'on pourra remarquer
dans la suite de mes idées, ou plutôt dans la manière

de les exprimer, ne sont guère plus que cela, et méritaient peut-être autant d'être respectées. Quel inconvénient y a-t-il à ce que ces écrits conservent quelque trace des hommes, des temps, et des choses au milieu desquels j'ai vécu? Ce n'est point un fruit de la solitude que j'offre à mes lecteurs, c'est précisément le contraire.

Cette succession dans la composition a mis une sorte d'irrégularité dans la marche graduelle des idées; mais cette irrégularité n'est qu'apparente, parceque l'inspiration générale est toujours une et identique. Il en résulte toutefois la nécessité de tout lire d'un bout à l'autre, non seulement pour me juger, ce qui est fort peu important, mais afin que ceux dont j'ai eu la volonté d'exprimer les pensées et les sentiments puissent s'en rendre compte à eux-mêmes.

PALINGÉNÉSIE

SOCIALE.

PROLÉGOMÈNES.

Une entreprise immense pèse sur moi, sans m'effrayer. Ce n'est point en mes forces que je me confie; je ne puis me reposer que sur la puissance et la vérité des sympathies générales dont je vais me rendre l'interprète. Et cependant que l'on ne s'alarme pas; je ne veux point parler aux passions; je ne dois m'adresser qu'aux nobles instincts, aux sentiments élevés, aux intérêts de l'intelligence et de la morale.

L'Essai sur les institutions sociales, que je publiai en 1818, contient déjà un germe fécond; ce germe s'est développé avec les événements et avec mes propres méditations. Plusieurs années d'études historiques, d'observations de tout genre;

les circonstances extraordinaires qui, depuis 1814, ont mûri à-la-fois toutes les populations de notre Europe, demeurée jusqu'alors à différents âges de la société, circonstances qui ont si prodigieusement accéléré la marche de l'esprit humain ; sans doute aussi un voyage que je viens de faire en Italie ; tout a réagi sur moi.

Une nouvelle ère se prépare ; le monde est en travail, tous les esprits sont attentifs.

Le champ de la civilisation s'est agrandi ; la Grèce a soulevé son suaire de mort et de servitude, et a prouvé que la bannière du Christ est aussi le drapeau du patriotisme et de la liberté ; l'Italie parle avec gémissement de ses anciennes gloires, de ses espérances si souvent et si cruellement trompées ; et tous les cœurs généreux sont vivement émus et irrités de ses longues douleurs ; les Espagnes ont frappé aux barrières qui les tiennent séparées de l'Europe : ces barrières fatales et caduques sont trop fortement ébranlées pour qu'elles ne finissent pas bientôt par s'écrouler avec fracas ; les jeunes Amériques se sont précipitées dans la pensée émancipatrice qui fait les peuples ; mais elles se sont placées tout-à-fait en-dehors de nos traditions, et je n'aurai point à m'occuper de leurs destinées quelque grandes qu'elles soient, quelque influence qu'elles doivent exercer sur les nôtres.

La vieille Europe, qui a des traditions, des souvenirs, des ancêtres, veut se régénérer sans renoncer à ses traditions, sans fouler à ses pieds ses souvenirs, sans renier ses ancêtres.

Les jeunes Amériques entrent tout-à-coup dans le monde civil sans avoir passé par les initiations successives que l'Orient nous imposa; nous avons vu commencer cette histoire si nouvelle, qui ne présente ni les origines incertaines des autres histoires, ni leurs temps fabuleux, ni leurs cycles cosmogoniques, et qui, à cause de cela, nous paraît dépouillée de tout un ordre de choses, la poésie dans la littérature et les arts.

Ainsi donc les Amériques, colonies violentes et exterminatrices, qui se sont si entièrement substituées aux nations indigènes, qui n'ont eu ni les castes organisatrices, ni les théocraties fondant un ordre primitif, ni les sacerdoces dépositaires et conservateurs jaloux de croyances sociales, qui n'ont rien eu enfin de ce qui forme les premiers âges de tous les peuples, ont dû marcher rapidement vers le christianisme développé dans la sphère civile, vers ce christianisme qui réduit à sa juste valeur la solidarité, la communauté des destinées humaines. Toute science archéologique de législation et de jurisprudence leur est étrangère. Montesquieu est, pour eux, un ancien; c'est leur Aristote : Delolme et Bentham sont leur Jus-

tinien. Toutefois, ils auront bien, un jour, leur
poésie, une poésie qui finira par animer d'un sou-
fle de vie leurs langues importées, qui reposera
sur le spectacle d'une nature toute nouvelle, sur
les sentiments éternels du cœur, sur les investigations de la pensée, sur les traditions générales
du genre humain, consignées, pour eux comme
pour nous, dans la Bible. Dans ce moment, ils
font à-la-fois leur sol et leur état social : la science
philosophique et la poésie viendront après.

Ce n'est donc qu'à l'Europe que nous devons
nous adresser; c'est elle seulement que nous devons avoir en vue dans les considérations qui
composent la Palingénésie sociale.

PREMIÈRE PARTIE.

Les hommes, dont les méditations habituelles
ont pour objet les hautes spéculations de la philosophie, la puissance merveilleuse de la religion,
bienfaisante selon les uns, terrible et funeste selon les autres, se divisent en sectes nombreuses;
mais toutes ces sectes peuvent naturellement être
rangées en deux classes: les hommes du Destin et
les hommes de la Providence.

Les hommes du Destin voient le mal répandu
sur la terre; ils voient les fléaux et les maladies;
ils voient les calamités générales, les misères et les

infortunes de chaque individu; ils voient enfin tout ce qu'il y a de lamentable dans la condition humaine; ils ne voient que cela. Alors ils se mettent à accuser Dieu, ou à le nier. L'homme, à les entendre, est sous le joug inexorable d'un destin de fer; il n'a point de liberté; il est emprisonné dans ses organes, dans les limites de ses facultés, limites qu'il sent plus étroites à proportion que ses facultés elles-mêmes sont plus étendues; l'esprit s'use dans les obstacles de tout genre, se brise contre la force des choses; la vie n'est qu'une longue douleur, un rêve pénible, une cruelle maladie. Nous n'existons que pour souffrir ou faire souffrir. La société, dans une si triste hypothèse, est une chose mauvaise et factice; c'est une malheureuse invention de l'homme. Cette philosophie du découragement et du désespoir revêt plusieurs formes, selon les temps, les lieux, l'âge des peuples; mais le fond est toujours le même.

Les hommes de la Providence voient aussi le mal, mais ils sont pleins de confiance, et ils croient fortement que si l'économie des desseins de Dieu pouvait être manifestée dans tout son majestueux développement, elle satisferait à toutes les plaintes, elle répondrait à tous les doutes, elle apaiserait tous les troubles de la pensée. Toutefois, selon eux, nous en savons assez pour comprendre la raison de ce qui nous est caché. Ils croient, à-la-fois et de la même façon, à l'action continue de la Providence, et à la liberté de l'être intelligent. Dans leur conviction intime, l'institution sociale est une institution divine ; c'est par elle que l'homme se perfectionne et s'élève. Il ne sépare jamais les destinées dont il jouit dans cette vie de celles qui lui sont assurées dans une autre vie, assurées par toutes ses croyances primitives et traditionnelles, assurées par sa nature même de créature intelligente et morale. C'est là qu'après une nouvelle série d'épreuves et d'expiations, car il ne doit entrer rien que de parfait dans les royaumes immuables de Dieu ; c'est là que se trouve enfin le dernier terme de toute palingénésie ; c'est là seulement que s'accomplissent nos destinées définitives.

Mais ne parlons, quant à présent, que de la vie préparatoire qui nous est accordée, du monde passager qui a été livré à nos recherches immortelles.

Au lieu de la fatalité tragique des anciens, ou de cette autre fatalité, également inflexible, qu'on est convenu d'appeler la force des choses, il faut bien admettre l'enchaînement merveilleux des causes et des effets, les effets, à leur tour, devenant causes, pour entretenir la génération sans fin des destinées humaines. Cette chaîne non interrompue de causes et d'effets, dont le premier et le dernier anneau restent éternellement dans la main de Dieu, forme l'instrument mystérieux de sa prescience; et, en ce sens, la prescience divine est un attribut insondable de celui qui établit une fois, pour qu'elles subsistassent toujours, les lois universelles, les lois auxquelles obéissent les esprits et les corps; qui créa l'intelligence de l'homme à son image, et lui donna la liberté, pour qu'il méritât; qui le fit, en quelque sorte, colégislateur d'un monde où il semble cependant n'avoir que des obstacles à vaincre.

Si nous interrogeons les doctrines mystiques unies à toutes les religions, et répandues, de toute antiquité, dans le monde, nous y trouverons une triste et terrible unanimité sur ces points principaux, la punition d'une première faute, le besoin d'une expiation, le travail imposé à l'homme, la science acquise au prix du malheur; nous y trouverons toujours une funèbre commémoration de quelque épouvantable catastrophe où le genre humain a péri; nous y trouverons encore, sous mille formes diverses, la peinture d'un être supérieur qui subit la mort, dont les membres déchirés sont dispersés par toute la terre, et d'un autre être supérieur cherchant aussi par toute la terre les membres épars de la grande victime, pour recomposer son corps. Mais remarquez bien la suite et l'ensemble du mythe universel que je viens de signaler. Durant cette course douloureuse, qui

a pour but la recomposition de l'être primitif, ou
de l'être emblématique et typique, l'agriculture
et les arts sont enseignés aux hommes, la civilisation commence, les lois du mariage et de la propriété sont établies, enfin la société s'organise.
Remarquez sur-tout que la source des générations
humaines reste frappée d'une sorte de réprobation
et d'opprobre ; la honte est telle que je n'ose la
dire, parceque les mots et les images qui servirent
à l'exprimer trop naïvement n'existent plus dans
nos langues devenues pudiques à l'excès. Bossuet
cependant, pour mieux briser les séduisantes illusions, dont, à force de poésie et de roman, nous
avons fait les instincts perfectionnés et délicats de
notre nature, Bossuet n'a pas craint d'effaroucher
nos susceptiblités modernes. Dans les traditions
juives, qui sont aujourd'hui l'héritage inaliénable
des nations chrétiennes, il n'a pas fallu moins que
la grande promesse d'un Médiateur pour nous affranchir de l'antique anathème. Tous les peuples
de la gentilité ont également cherché un remède
à la flétrissure originelle. Ce fut, en effet, le but
de plusieurs institutions diverses dont nous aurons à nous occuper, tant fut universel le sentiment que nous venons de signaler !

La manifestation de l'homme sur la terre et
dans le temps est donc un châtiment qui lui est
infligé, puisque, selon toutes les religions, il doit

se purifier de sa naissance, et que sa vie tout entière est une épreuve; ou plutôt, c'est ce qui fait que sa vie mortelle est une épreuve. Nous trouverons par la suite d'autres explications de ce dogme primitif; mais ici nous devons le prendre dans toute sa sévère nudité.

Et cependant, il faut bien le dire dès à présent, l'essence humaine, en soi, ne peut être avilie; la sphère d'activité où elle agit maintenant avec de si pénibles entraves est la prophétie de la sphère d'activité où elle doit agir un jour avec gloire et liberté. Seulement l'homme est tenu de conquérir d'abord sa dignité, ensuite la gloire de ses grandes destinées. Nous trouverons cette loi écrite dans le tableau du plébéianisme primitif, tel que je compte le faire sortir de mes recherches sur les antiquités du monde civil, et sur-tout de mes études sur cette partie si long-temps voilée de l'histoire romaine.

Les deux points de vue sous lesquels on peut considérer les choses humaines sont donc, en dernier résultat, le Destin et la Providence.

De là deux sortes de poésie; elles sont exprimées toutes les deux dans le poëme antique de Job, tableau admirable et immortel de notre haute et de notre misérable condition.

De là deux sortes de philosophes politiques; ceux qui s'attachent au fait divin, et ceux qui ne s'attachent qu'au fait humain; ceux qui se bornent à signaler le fait positif et, pour ainsi dire, matériel, et ceux qui recherchent le fait métaphysique et moral, ou, en d'autres termes, le fait religieux.

De là encore deux ordres de jurisconsultes, ceux qui font reposer le juste et le droit sur des idées de convention, sur des idées acquises ou imposées, et ceux qui les font reposer sur des idées primitives et inconditionnelles. Selon les uns, le droit, c'est le juste; selon les autres, c'est la force sous des noms divers. Les jurisconsultes positifs n'ont pas fait attention que la souveraineté de l'homme ramène le Destin en écartant la Providence, et qu'alors la loi est dépouillée du caractère qui fait sa légitimité. Dieu n'a pu vouloir se laisser exiler de son ouvrage.

Voici une autre sorte d'impiété qu'il est à propos de signaler ici, et de flétrir en l'énonçant: il semble, disent quelques uns, que tout soit combiné pour produire je ne sais quel résultat, ou même je ne sais quel spectacle, pour manifester à elle-même la puissance infinie de je ne sais quelle cause suprême, de je ne sais quelle immense unité que l'on pourrait appeler le moi de l'univers. Dieu, despote absolu; toutes les créatures vivant, se perpétuant, travaillant à vivre; l'homme, comme les autres créatures, machine et instru-

ment, pièce du mécanisme général; sa vie, phé-
noméne brillant et fugitif, partie d'un plan inconnu, mais partie passive et sans importance en
soi. Il est évident qu'ici on donne au Destin le nom
de Dieu. Cela ne pourrait être vrai qu'autant qu'il
n'y aurait point de créature intelligente et morale,
et alors nul ne connaîtrait une telle vérité, et
Dieu aurait pu demeurer dans son repos.

Heureusement il n'en est point ainsi. Dieu doit
à l'homme, car il lui a promis; le Créateur a promis à sa créature, par les facultés qui sont en elle,
et qu'il y a mises originairement; le Créateur a
promis à sa créature, par les sentiments qu'elle reçoit ou qu'elle inspire, par la nature même de son
être. Ce que l'homme espère, uniquement parcequ'il l'espère; ce qu'il attend, uniquement parcequ'il l'attend, Dieu le doit à l'homme.

La foi est un lien entre Dieu et l'homme.

Lord Byron n'a pris, pour le développer,
qu'une partie du poëme de Job; je le prends
tout entier.

Lord Byron ne croit qu'au Destin, et je crois à
la Providence. C'est là, ainsi que nous venons de
le dire, le fond des pensées et des doctrines des
deux écoles opposées qui, sous mille formes variées, marchent parallèlement dans le monde depuis le commencement. Il y a constamment des
philosophes et des poëtes qui prennent leur inspi-

ration dans ces deux vastes systèmes, dans ces deux grandes hypothèses. Seulement la manifestation est plus sensible à de certaines époques.

On peut comparer lord Byron à Lucrèce. Tous les deux grands poëtes, chacun de leur siècle, et les deux siècles analogues. Tous les deux nés au milieu des sophistes qui ont succédé aux philosophes. L'un attaquant la religion générale, l'autre attaquant la religion universelle; tous les deux effrayés des destinées humaines, privés de toute foi et de toute confiance. Les traditions chrétiennes sont un élément de plus dans le champ de la poésie, et cet élément de plus élève prodigieusement lord Byron, car l'attaque doit être proportionnée à la chose attaquée, car la plainte doit être égale à la majesté du malheur.

Je dois justifier à-la-fois la race humaine et la Providence.

Un moyen de justifier la Providence c'est de réhausser la destinée humaine.

Sans liberté point d'imputabilité.

Je m'explique, et toujours dans le sens des traditions antiques.

L'homme, c'est-à-dire l'intelligence, l'essence humaine, a été tiré du domaine de l'éternité pour passer dans le domaine du temps. La pensée alors est devenue successive. C'est ainsi que l'homme est devenu perfectible, c'est-à-dire susceptible de s'avancer jusqu'à ce qu'il soit arrivé au degré relatif de perfection qui lui est propre. Nulle créature humaine n'échappe à cette loi. Tous tendent au même but, et tous doivent finir par y atteindre. Les hommes en avant de leur siècle, ou au-dessus des autres hommes, soit par l'intelligence, soit par le sentiment moral, sont des hommes qui, sans doute, ont mérité d'être dispensés d'un grade dans la grande initiation; ceux qui sont en arrière et au-dessous des autres seraient alors soumis à une épreuve de plus.

L'homme individuel et l'homme collectif suivent des progrès analogues.

Je dis l'homme individuel et l'homme collectif, afin de faciliter l'explication de mes idées; mais il est bien entendu que l'un n'est point séparé de l'autre, que l'homme n'est progressif que par l'état social, ou plutôt qu'il n'est homme que par sa coexistence sympathique avec les autres hommes, avec le genre humain tout entier.

Dieu est bon et juste. Dieu est bon; il a voulu le bonheur de ses créatures: Dieu est juste; il a voulu que ses créatures méritassent d'être heureuses. Il a voulu être glorifié par des créatures glorifiées elles-mêmes.

L'apparition de l'homme sur la terre n'est qu'un mode de son existence; le reste nous est caché. Nous savons seulement qu'une créature intelligente et morale ne peut avoir que de grandes et nobles destinées.

Une foule de considérations importantes pourraient se rencontrer sur notre route, si nous voulions nous y arrêter. D'un côté, l'étude des monuments géologiques nous montre une succession d'êtres animés, qui ont été entièrement détruits, et nous montre en même temps un progrès dans l'organisation de ces différentes espèces d'êtres animés, qui ont précédé l'homme sur la terre; d'un autre côté, l'inspection du fétus humain, à ses différentes époques de développement, offre une analogie frappante avec cette succession d'êtres animés et avec ces progrès dans l'échelle de la vie. Chaque être, à mesure qu'il s'élève dans cette hiérarchie de l'organisation, présente les mêmes analogies avec ceux qui lui sont inférieurs; l'homme seul parcourt, avant de voir la lumière, tous les degrés, et rappelle ainsi à lui seul successivement, comme pour les compléter, tous les actes de la création des êtres qui vivent sur la terre, tels que ces actes de la puissance divine sont énumérés dans la Genèse; lui seul enfin a reçu l'empreinte de la ressemblance du Créateur; et cette ressemblance sera définie et expliquée. De plus, dans les profondeurs du ciel, nous croyons remarquer avec nos télescopes des mondes à plusieurs âges d'existence; les uns semblent encore se dégager d'une vaste vase de lumière, pendant que d'autres, dans leurs ellypses accoutumées, ne roulent plus que des mondes éteints. Notre tour arrivera sans doute aussi. Un jour viendra, qui sera le dernier de cette terre; et cette grande catastrophe, cette immense agonie, qui frappera de stérilité un point de la création, ne sera pas même soupçonnée par quelques habitants des autres globes. Des milliers de créatures intelligentes et morales souffriront des maux étranges; et çes habitants des autres globes continueront de regarder avec indifférence le chétif météore perdu dans l'espace. Il sera cependant arrivé un grand évènement dans le monde infini, à savoir que la manifestation de l'homme, dans le temps et sur la terre, aura cessé. Mais quels que soient les systèmes philosophiques que nous ayons embrassés, ou les croyances dans lesquelles nous soyons nés, toujours il est vrai de dire que la Genèse n'a reçu aucun démenti par nos découvertes modernes. La suite de nos méditations nous offrira au contraire bien des sujets d'affirmer la Genèse, et nous y trouverons sans contestation l'histoire primitive du genre humain écrite dans un langage mythique et général dont le voile mystérieux commence à se soulever. En effet nous marchons vers un temps où l'identité des cosmogonies sera prouvée. Déja nous savons qu'il y a, dans tous les

cas, des traditions irréfragables; et ces traditions,
uniformes lorsqu'on vient à les comparer, ne dif-
férant les unes des autres que par quelque chose
d'analogue à la différence des langues, indiquent
qu'à une époque très reculée, l'histoire primitive
du genre humain a été connue, du moins dans ce
qui n'excède pas les limites de la sphère où se meut
notre intelligence. Sommes-nous destinés à refaire
cette histoire à force de travaux et de méditations?
Sommes-nous appelés à recomposer avec mille
douleurs la science perdue? Nos anciennes facultés instinctives nous seront-elles rendues, ou bien
aurons-nous le moyen d'y suppléer? et de plus,
l'acte de la création est-il un acte éternel? Y a-t-il
une opération continue et infinie sur la matière,
qui tende perpétuellement à l'organiser et à l'ani-
maliser, jusqu'à ce que chaque molécule ait participé de quelque manière à la vie? Reste toujours
l'impénétrable mystère de la vie dans tous les degrés de l'organisation.

Résumons quelques faits nouveaux dont viennent de s'enrichir la physiologie et l'histoire naturelle. En prenant notre point de départ dans l'a-
nimalité seulement, les formes embryonnaires
des classes supérieures, permanentes dans les
classes inférieures, et transmissibles dans cet état
d'infériorité. Image et mythe. L'homme, dernier
terme du progrès de l'organisation, après en avoir

lui-même parcouru tous les degrés. L'homme, ainsi, centre, sommet, but de la création, sur cette terre.

L'unité de composition organique. Un seul animal diversement modifié. C'est l'intelligence qui fait la différence réelle. L'organisation ne sert qu'à manifester l'être. La liberté, c'est l'homme même.

Les anciens pythagoriciens ont été sur la voie. D'après Mélissus, une substance unique. Ainsi la vie et l'intelligence seraient tout.

Xénophane aussi admettait une substance unique, et il niait la certitude du témoignage des sens.

Rien n'est, dit Héraclite, tout se fait. Tout est évolution et développement. Tout a le mouvement palingénésique. Dieu crée éternellement, et se repose éternellement; tout est nécessaire et contingent: c'est là que se trouve l'accord de la prescience de l'être nécessaire et inconditionnel avec la liberté de l'être intelligent, conditionnel, contingent, produisant lui-même des nécessités et des contingences.

Tant qu'on ne considérera pas la Genèse comme la cosmogonie primitive, spontanée et progressive, successive et éternelle; tant qu'on ne la considérera pas comme l'histoire à-la-fois mythique et phénoménale de la création éternelle et successive, les liens de l'orthodoxie effraieront nos intel-

ligences, ou produiront la réaction de l'incrédulité. Voyez dans quel abyme cette prétendue orthodoxie, cette orthodoxie matérielle de la lettre, a
conduit lord Byron, lorsqu'il a composé ce prodi-
gieux mystère de Caïn. N'était-ce pas elle qui jetait Galilée dans les cachots de l'inquisition?

Puisque nous avons été entraînés à dire quelques mots de la Genèse, approchons de plus près
cette source de toute tradition. Nous aurons au
reste souvent occasion de puiser dans cette source
éternellement sacrée.

Les traductions actuelles de la Bible, à l'époque
où elles furent faites, ont satisfait, sans doute,
aux besoins du temps. Une nouvelle traduction
devient nécessaire, depuis que les connaissances
géologiques ont fourni d'autres explications, depuis que l'astronomie a fait de tels progrès. La
Bible, rendue plus accessible par les sciences
entrées dans le domaine de l'esprit humain, ne
peut que gagner en autorité. La science est venue
confirmer le témoignage au moment même où
l'on pouvait croire que la foi ne suffirait plus.

La Providence divine, qui prévoyait la science,
puisqu'elle avait livré le monde à nos curieuses
investigations, savait bien l'antique identité du
livre de la Genèse et du livre de la Nature. Cette
identité maintenant doit être établie de manière à
réfuter toute récusation.

Les traditions orientales sont devenues les pro-légomènes indispensables de la Bible, non que ces traditions soient antérieures, mais parcequ'elles contiennent aussi, sous une autre forme, les vérités primitives.

Une exégèse, à-la-fois hardie et respectueuse, doit donc finir par dégager le mythe, et constater la révélation qui nous fut accordée.

Il en résultera l'identité des cosmogonies mys-tagogiques et des cosmogonies scientifiques.

Ainsi la révélation et l'intuition auront dit au commencement les mêmes choses que la science nous a dites ensuite d'une autre façon.

Le récit de la Genèse est une forme admirable employée par l'écrivain inspiré pour expliquer historiquement les premiers phénomènes qui résultèrent des lois générales établies de Dieu dès l'origine. Ces premiers phénomènes sont ceux de chaque jour. Ils commencèrent une première fois pour l'homme.

Ce récit est successif pour s'accommoder à la pensée successive de l'homme. Les phénomènes successifs ne peuvent se manifester en même temps, ou, s'ils sont simultanés, ils ne peuvent être vus que successivement par une intelligence successive, assujettie à la loi du temps.

L'idée des planisphères se trouve dans les premiers versets de la Genèse, où les corps célestes sont établis comme signes, et leur apparition comme règle du temps.

Remarquons encore, en passant, et cette remarque nous sera par la suite d'une très grande utilité; remarquons que les bénédictions ou les malédictions énoncées dans la Bible portent avec elles un caractère de pèrennité qui subsiste toujours; c'est que la Genèse n'est pas seulement une cosmogonie, elle est aussi l'histoire primitive du genre humain. Ces différents types des races humaines, si profondément empreints qu'ils paraissent ineffaçables, seront pourtant un jour effacés, lorsque toutes seront rangées sous la loi chrétienne, qui est une loi de rédemption et d'égalité.

Mais, avant de finir ce que j'avais à dire ici sur la Bible, je dois prévoir l'objection que l'on pourrait me faire de lui appliquer, sans autorité, la pensée de l'initiation graduelle, ce qui constitue une révélation successive pour le genre humain. Cette pensée, qui n'est pas la mienne, se présente souvent d'elle-même dans les saintes Écritures; et il est formellement prescrit à Daniel de sceller le livre, pour le tenir fermé jusqu'au temps ordonné de Dieu.

On a, en dernier lieu, appelé de nouveau l'attention sur l'identité des hiéroglyphes égyptiens avec les hiéroglyphes mexicains, et sans doute avec les clés de l'écriture chinoise; Diodore de Si-

cile établissait déja la communauté des Éthiopiens
et des Égyptiens, sous ce rapport; n'oublions pas
l'identité non moins remarquable des idées méta-
physiques qui reposent au fond des doctrines indiennes avec celles qui sont enfermées dans les
écrits de nos théosophes modernes, quoique certainement aucun de nos théosophes, c'est-à-dire,
aucun de ceux qui ont commencé l'ère actuelle,
n'ait connu l'esprit, peut-être même l'existence
de ces doctrines. C'est depuis bien peu d'années
que ce sol primitif commence à être fouillé avec
un esprit de critique religieuse. La première
identité, ainsi qu'une multitude d'autres rapports,
est due, nous ne pouvons en douter, à l'origine
commune de toutes les familles humaines; la seconde, aux idées pythagoriciennes et platoni-
ciennes, puisées aussi à une source commune,
qui se sont mêlées immédiatement à la grande
pensée du christianisme, et qui lui ont préparé
les voies chez les nations païennes. Toutes ces
identités, au reste, toutes celles qui peuvent se
présenter à l'esprit du lecteur, ne sont peut-être
autre chose que les formes mêmes de l'intelligence humaine manifestées diversement selon la
variété des langues, qui sont, ainsi que je l'ai dit
ailleurs, une sorte de cosmogonie intellectuelle;
ajoutons-y maintenant l'analogie et l'identité des
cosmogonies, dont nous parlions tout-à-l'heure,

ce qui est toujours le même fait. Enfin, l'uniformité des emblèmes astronomiques, et la conformité des divers calendriers entre eux, sont un signe toujours subsistant des traditions primitives du genre humain.

En effet, les planisphères sont non seulement identiques, ils sont semblables. Le planisphère est un livre qui contient les éléments des connaissances traditionnelles : ceux qui l'ont écrit, en ont fixé les caractères symboliques dans le ciel, parceque tout périt sur la terre; de plus, il paraît qu'il a été écrit immédiatement après le déluge. Qui a écrit ce livre? Noé, Thot, Atlas, sans parler ici des personnifications indiennes, représentent également cet âge où viennent se confondre et se perdre toutes les origines du genre humain sauvé des eaux.

Cette idée si primitive de placer dans le ciel, je ne dirai pas l'image ou le mythe de ce qui est sur la terre, mais de prendre possession du ciel même, cette idée, qu'on peut croire antérieure à toute institution sociale, méritera tous nos étonnements. Ainsi le temple augural, circonscrit par le lituus, ne reposait point sur le sol; et il n'était que le souvenir sacré d'une chose plus primitive encore. J'expliquerai ailleurs, dans ce sens, le peplum de Minerve à Athènes, et la courtine du temple de Delphes. J'expliquerai aussi que la bande Zodiacale fut le lieu des apothéoses; que l'état de cette zone a été, pour les anciens, la représentation de l'état social même; que, en dehors, étaient placés les types des sociétés détrônées, les êtres allégoriques en qui fut personnifié le passé du genre humain; et cette observation, que je crois entièrement nouvelle, nous ouvrira la voie pour étudier ce que j'appelle les mythes civils. Mais ce qui est non moins merveilleux, c'est que les limites des peuples, et même les bornes des héritages furent fixées dans le ciel avant d'être marquée ssur la terre. Ce fut là aussi que le patriciat romain voulut placer la source de son droit.

Ajoutons ici l'énonciation de deux faits qui sont l'un et l'autre de la plus haute importance.

Les cosmogonies commencent toutes par le récit de révolutions opérées dans les royaumes de l'intelligence, et ces révolutions dues, par conséquent, à des substances intelligentes.

Les généthliaques et les astrologues, si anciens dans le monde, dont la science tient à des traditions si primitives, appliquèrent toujours les mêmes formules aux peuples comme aux particuliers. Lorsque le plus savant des Romains, Varron, voulut fixer d'une manière certaine l'époque de la fondation de Rome, le résultat qu'il obtint de ses longues et laborieuses recherches, se trouva

coïncider parfaitement avec le jour assigné par
un astrologue, qui avait construit son thême fatal,
indépendamment de toute science chronologique,
et en appliquant à cette ville les règles assignées
pour composer la destinée d'un homme.

Il ne serait peut-être pas difficile de laisser entrevoir ce que nous sommes en droit d'attendre
des efforts parallèles qui se font à présent pour
éclairer les merveilles de la filiation des langues,
et pour étudier les monuments géologiques du
globe. Il serait moins facile de constater ce qu'il
y a d'incomplet dans nos connaissances actuelles,
car il faudrait consigner, en même temps, les motifs légitimes de nos espérances à cet égard, et
sur-tout assigner les bornes qu'il nous sera toujours impossible de franchir : tout cela serait peu
conciliable avec le cadre de considérations aussi
générales que celles-ci, et avec mes propres ignorances que je n'hésite point à confesser. Au reste,
les différents travaux que de telles investigations
rendent si nécessaires pourraient être fort facilités
par une discussion approfondie et lumineuse des
documents qui nous sont parvenus sur les premiers siècles de notre ère, et dont le nombre est
beaucoup plus grand qu'on ne croit ; il serait
temps aussi de ne pas s'en tenir uniquement aux
traditions latines et grecques ; nous ne devons pas,
non plus, perdre de vue que c'est de l'Orient que

partit la lumière, à l'origine, et que c'est encore
dans le vieil Orient qu'il faut aller la rechercher.
Les traditions grecques, nous le savons assez, ne
sont que des transformations; par conséquent,
elles ne sont point originales; de plus, après avoir
passé par les enchantements de la poésie et des
arts, elles n'avaient pas attendu l'époque florissante d'Alexandrie pour être fortement ébranlées,
puisque déja elles avaient successivement subi les
discussions des philosophes, les dénudations et
les sarcasmes des sophistes. Quant aux traditions
sur lesquelles le christianisme a voulu être enté,
celles-là même ont besoin d'être éclairées par un
flambeau allumé au même foyer de l'Orient. Les
premiers Pères de l'Église le savaient bien.

Le moment palingénésique où nous nous trouvons à présent, ressemble, sous beaucoup de rapports, aux premiers siècles de notre ère. Lorsque,
en faisant abstraction de la tourmente politique
et de l'agitation des intérêts individuels, on re-
porte sa pensée vers le troisième siècle, on ne
peut s'empêcher de trouver une sorte de ressemblance philosophique entre ce siècle et notre
temps. Alors le monde assista à la plus belle discussion qui ait jamais occupé les esprits. Alors
toutes les traditions étaient encore vivantes, et
les livres qui en contenaient les témoignages
existaient pour tous, à l'usage de toutes les sectes

et de toutes les écoles. Alors les systèmes enfouis dans les vieux sanctuaires de la mystagogie ésotérique parurent au jour, pour y subir le même genre d'examen que ceux de la philosophie exotérique. Alors les Esséniens se mêlèrent, dans le célèbre musée d'Alexandrie, aux pythagoriciens et aux stoïciens, et ne redoutèrent ni les poétiques contemplations de Platon, ni les formules savantes de l'universel et pénétrant Aristote. Alors le christianisme, déja divisé en sectes nombreuses, car, puisqu'il était fait pour l'homme, il devait revêtir aussi les différents modes de l'esprit humain, le christianisme, qui n'était point resséré dans les liens d'une rigide orthodoxie, ne dédaignait pas de s'appuyer lui-même sur d'antiques traditions, dont les plus importantes n'avaient jamais cessé d'être plus ou moins répandues parmi les nations. Alors les mythes furent expliqués, autant qu'ils pouvaient l'être, sur-tout en leur restituant leur pureté primitive, et en les débarrassant de ce que la brillante fantaisie des Grecs y avait ajouté. Alors les pères de l'église, les chefs des différentes écoles, étaient quelquefois étonnés de se rencontrer sur les mêmes routes, à la recherche de la vérité. Certainement le troisième et le quatrième siècle sont l'époque où le plus d'idées ont été en présence. Si nous avions pu conserver tous les éléments de cette éclatante controverse, elle recommencerait aujourd'hui, sans doute avec moins d'étendue quant à la circonscription géographique, peut-être avec moins d'intensité dans les croyances exprimées par des symboles; mais elle serait mieux préparée par les travaux scientifiques, par la variété et le nombre des esprits, par la lumière rationnelle des méditations. Le temps est venu, je n'en doute point, d'introduire la science dans le domaine des croyances religieuses, comme il faut l'introduire dans le domaine de la poésie. La plupart des documents dont je parle ont été détruits par les barbares, ou falsifiés par un zèle mal entendu et fanatique. La nuit du moyen âge a été la nuit non seulement pour le temps où elle a régné, mais encore pour les siècles antérieurs, et pour ceux qui ont suivi. Il faut le dire, ce n'est pas au farouche Omar qu'on peut attribuer, si toutefois même il n'a pas été calomnié, la funeste invention de vouloir effacer le passé, de vouloir déshériter l'avenir; et l'exemple qu'il n'avait pas besoin de recevoir, il l'a légué à des successeurs en barbarie qui, à leur tour, se seraient sans doute passés du sien. On ne s'est pas même toujours borné à anéantir des livres ou des monuments; il a fallu verser le sang humain par torrent, et le mot martyr a voulu dire à-la-fois victime et témoin. Nous savons que, depuis les pythagoriciens, tous égorgés en un jour, jusqu'aux Albigeois, anéantis d'un seul coup, on n'a jamais été avare de ces sortes d'exécutions où le génie de la plus féroce cruauté emprunte des armes sacriléges à la superstition ou au fanatisme du prétendu bien public. Les colléges des druïdes ont ainsi péri, ensuite les Bardes. L'école d'Alexandrie a fini misérablement; et la belle et savante Hypathie ne trouva pas grace devant un peuple furieux. De notre temps, les Turcs ont tué jusqu'au dernier Vahabi. La vérité, ou ce qu'on croit la vérité, pourrait avoir d'autres arguments pour triompher. La persécution n'éteint pas les croyances; un principe n'est pas étouffé dans le sang, même lorsque, comme dans les faits que je viens de citer, on veut épuiser tout celui des hommes qui professent la doctrine suspecte ou condamnée : l'islamisme reproduira un jour la secte dont il se croit si bien débarrassé, comme Luther et Calvin ont reproduit plus tard les Vaudois et les Albigeois. Toute doctrine renferme en soi la raison de ses développements et de ses écarts, comme tout principe doit produire inévitablement toutes ses conséquences. Une opinion est dans le monde, pour ainsi dire, indépendamment des hommes qui la professent, et toujours ils en ignorent toutes les profondeurs: on peut donc tuer les hommes sans tuer les opinions, sans y porter atteinte. Pour pénétrer les opinions, pour arriver aux croyances, il faut d'autres moyens et d'autres forces que le fer et le feu. La persécution peut faire des lâches et des apostats; elle ne peut rien sur l'intimité de la conscience; elle ne peut produire une conviction. Lorsque le christianisme parut, l'univers était dans la paix, mais dans la paix de la servitude. Il vint troubler cette paix qui était la paix des tombeaux; il réveillait dans l'homme toutes les facultés nobles et généreuses de sa nature. Les pouvoirs de la société s'alarmèrent tous en même temps. On n'a pas assez remarqué que les princes bons et les princes méchants vinrent à s'entendre pour chercher à l'anéantir: Titus et les Antonins furent aussi atroces que Dioclétien. Le christianisme est resté debout malgré tout ce qu'on a fait pour le renverser ou pour le compromettre.

Mais tout en suivant la série de nos idées, nous ne devons pas négliger les enseignements qui s'offrent à nous, et qui peuvent s'appliquer à notre temps. Il est évident que le dix-neuvième siècle est las du funeste héritage que lui a légué le siècle précédent. Il cherche à se dégager de ce suaire d'incrédulité dont il est encore à moitié enveloppé. Il veut entrer dans le christianisme; et comme, ainsi qu'il en est averti par son propre instinct, et qu'il serait facile de le démontrer, les véritables traditions chrétiennes, jamais séparées des traditions primitives générales, reposent toujours dans la même majestueuse unité, c'est au sein de cette unité catholique que le dix-neuvième siècle veut entrer. Aidez-le donc à déposer le suaire de mort, qui le gêne dans l'accomplissement de l'acte de sa résurrection.

Tous les anciens peuples qui appartiennent à notre ordre de civilisation, et même ceux qui n'y appartiennent pas, comme les Chinois, admettent qu'un changement dans le ciel est un malheur, ou le signe et l'avertissement d'un malheur. Ceci revient à ce que nous disions tout-à-l'heure du ciel et de la bande zodiacale, considérés comme histoire allégorique des sociétés humaines, et tient aussi à la tradition qui racontait à tous que le déluge avait été produit par un changement dans le ciel. L'apparition d'un météore nouveau est donc un mauvais présage. Les gouvernements n'aiment pas les météores nouveaux. Ils sont, comme Hérode, effrayés de l'étoile qui conduit les mages, et qui éclaire les bergers. Ils aiment à se réveiller le lendemain avec les idées et les habitudes de la veille. Ils aiment à s'endormir paisibles dans la pensée que le jour suivant n'amènera aucune mutation, aucun événement à prévoir. S'ils se disent les images de Dieu, ils ne devraient pas oublier qu'un des attributs de Dieu est la prescience. Cependant les peuples grandissent comme les individus, et le genre humain grandit aussi.

Les périodes cycliques ont été appliquées aux révolutions de l'univers et aux révolutions du genre humain. Les phénomènes du monde physique, et ceux du monde moral ont été liés dans la pensée des pères de la race humaine. Le monde intellectuel a ses lois comme le monde physique a les siennes. Toute l'antiquité, par ses monuments, par les usages qu'elle nous a transmis, est pleine de cette analogie et de cette identité : c'est donc une forme primitive de l'esprit humain.

Je me suis un peu écarté de mon sujet; j'y reviens.

Les matériaux qui nous manquent, et que les siècles avaient entassés, seront retrouvés ou devinés, lorsque nous serons sortis de l'état de transition qui exige, en ce moment, l'emploi de toutes nos forces morales; on les retrouvera, comme on parvient à déchiffrer des hiéroglyphes, comme on parvient à lire, par les étymologies, dans les débris d'une langue qui a péri sans laisser de monuments, comme on parvient à reconstruire l'ancien monde par des detritus et des fossiles, comme j'espère moi-même retrouver un jour la raison de la société romaine dans des fragments épars, rongés par la rouille des siècles. Lorsque les expositions des systèmes ou des doctrines n'existent plus, il reste encore quelques unes des objections qui ont été faites dans le temps de la controverse; il reste, au moins, les outrages et les calomnies du parti qui a vaincu, il reste enfin ses chants de triomphe. On suit la route du char, à la trace incertaine qu'il a laissée sur la poussière. L'esprit humain est toujours en quête de la nourriture qui lui est nécessaire, et il la trouvera toujours. Il se guide admirablement par l'instinct qui est en lui, et que Dieu lui a donné.

J'avais encore à faire remarquer combien fut forte et puissante l'organisation des premières sociétés humaines. Or, comme la limite des temps historiques est très voisine de nous, sur-tout si nous restons toujours en-deçà des traditions transformées, si nous prenons ces traditions pour notre point de départ; et, comme il est prouvé qu'il faudrait des siècles entassés sur des siècles, pour produire une contexture si savante, une si grande cohésion dans l'accord de tant de volontés régies par les mêmes lois, je ne puis me refuser à admettre le fait divin pour les premières associations humaines. Il est bien certain que la doctrine du contrat ou de la convention est inapplicable à ces premières associations, et, par conséquent, qu'elle est inapplicable d'une manière absolue. De plus, elle est historiquement fausse, et cela ne pouvait être autrement. Je me suis assez expliqué, à cet

égard, dans l'Essai sur les institutions sociales.—
Cette puissance des organisations primitives de la
société tint sans doute à la division de l'espèce humaine en castes, sorte d'initiation sévère, que j'espère expliquer par la suite, et qui fut un décret
de la Providence, car l'homme n'aurait pu ni le
rendre, ni le sanctionner. Nous voyons que,
dans l'Inde, une origine divine est attribuée aux
castes; et Euripide, dans la tragédie d'Ion, assigne
également une origine divine aux classes ou tri-
bus de l'Attique. Mais les documents que je pro-
duirai sur l'histoire romaine seront notre véritable
appui dans cette route si nouvelle. La distinction
des castes était fondée sur une division naturelle,
celle qui résulte de l'inégalité dans la dispensation
des facultés humaines; mais elle perpétuait elle-
même l'inégalité, puisque chacun s'appropriait
les idées et les sentiments de sa caste, sans aller
au-delà. Si donc elle fut nécessaire à l'éducation
sociale, maintenant elle est devenue artificielle.
L'inégalité dans le partage des facultés humaines
n'a point cessé, seulement elle est individuelle;
tous doivent suivre le mouvement progressif;
nulle race ne peut plus être stationnaire. Les
noirs eux-mêmes, peut-être en arrière de notre
race de tout un cycle palingénésique, sont destinés à entrer dans le monde civil, d'où ils ont été si
long-temps exilés, et qu'ils habiteront à leur tour

avec nous. Cette révolution commence déja par les populations noires que l'Europe transporta avec tant d'inhumanité dans les colonies de l'Amérique. Ce ne sont plus quelques hommes, c'est le genre humain tout entier qui est dépositaire des traditions générales; la solidarité reçoit une application différente, elle n'est plus restreinte aux familles et aux peuples. L'ancien décret de la Providence a été aboli par le nouveau décret contenu dans la promulgation de l'Évangile.

Ceci ne serait-il point une image et une prophétie d'un autre ordre d'épreuves réservé au genre humain dans un autre ordre d'existence? N'est-ce point l'emblème d'une hiérarchie toujours progressive jusqu'à l'entière consommation des plans éternels?

Dans le principe, la division des castes, à ce qu'il paraît, était morale et religieuse; elle avait des rapports avec les divers degrés de l'initiation, et s'accordait avec le dogme des existences successives, comme je viens de le faire entrevoir. Disons, en passant, que la préexistence des ames fut admise par quelques uns des premiers pères de l'Église, dogme qui est le même que celui des existences successives: il vient de l'Orient, et expliquerait lui seul l'institution des castes. Ajoutons que la rigueur de la solidarité est en harmonie avec cette antique hiérarchie sociale.

N'oublions pas que les nobles et les plébéiens, à l'origine, n'avaient pas les dieux communs entre eux, c'est-à-dire, que la multitude était sous le poids d'une excommunication religieuse. Cela est prouvé par l'histoire romaine, la seule qui ait réellement des documents certains de ses premiers temps. La loi des XII Tables exclut formellement les plébéiens du droit des auspices, privation qui entraînait nécessairement celle des noces religieuses, et, sans doute, celle des noces légales. Nous mettrons, plus tard, hors de toute contestation ce fait fondamental de l'histoire romaine, qui est aussi le fait fondamental de toutes les autres histoires. C'est ce droit civil que l'Évangile a aboli, aboli à jamais, en établissant l'égalité religieuse; car de l'égalité religieuse à l'égalité civile, il n'y a que la conséquence à tirer.

Faisons une autre remarque non moins importante.

Jadis les vaincus perdaient leurs dieux. Par cela seul qu'il a donné à tous le même dieu, le christianisme a fondé un autre droit des gens.

Les inégalités, l'esclavage, le droit de guerre, le droit de vie et de mort, tout était fondé sur la religion : je ne veux pas, pour le moment, entrer dans les détails; souvenez-vous seulement des hérauts, des auspices, des obsécrations, des formules antiques de jugement, toutes choses de l'ordre politique et civil, et qui se trouvent dans tous les rituels religieux.

Il y a donc un droit public tout entier, qui a été frappé de mort par le christianisme, et qu'on ne peut ressusciter sans abolir le christianisme lui-même.

Il ne faut pas que l'on s'y trompe, et il est temps que cette vérité retentisse dans le monde, le christianisme, loi si parfaite de l'humanité religieuse, est éminemment antipathique à la loi initiatrice de la théocratie. J'aurai même occasion d'établir que les institutions juives furent une première lutte contre ce redoutable pouvoir; mais toujours l'empire de la Providence divine reste immuable.

Pour rappeler ce qui vient d'être dit, il serait donc aussi permis d'affirmer que le christianisme a été l'initiation du genre humain, comme la loi de Moïse avait été, pour l'enseignement préparatoire, l'initiation d'un seul peuple, mais d'un peuple tout entier.

La hiérarchie des castes est sans objet, puisque désormais tous sont appelés au même genre d'épreuves.

Sitôt que l'inégalité cesse d'être religieuse, elle n'a plus de base réelle, car l'homme n'aurait pu l'inventer, et il ne pourrait lui prêter l'appui de son assentiment volontaire et raisonné.

La loi des castes a été abolie par Jésus-Christ, puisqu'il venait donner à tous également la loi morale et la confraternité du même culte.

Nous allons poursuivre le cours de ces réflexions, en les dirigeant plus spécialement sur chacun des trois ouvrages que j'ai énoncés, et dont l'ensemble doit former la Palingénésie sociale.

DEUXIÈME PARTIE.

§ I.

Prolégomènes pour Orphée.

J'ai besoin de commencer par prévenir que cette composition n'a pas été conçue d'après des données scientifiques: les études d'archéologie et même de géologie, qui eussent été les études préparatoires absolument nécessaires pour entrer dans le fond d'un tel sujet, ont toujours eu beaucoup d'attrait pour moi, mais je n'ai point eu le loisir de les cultiver d'assez bonne heure, ni assez exclusivement, et je ne pourrais en tirer tout le parti qu'on aurait le droit d'attendre, si je ne me hâtais de m'expliquer à cet égard. Les poëtes anciens, les premiers philosophes, étaient tenus de savoir toute la science de leur temps, toute la science des temps antérieurs, d'être entrés dans

l'intimité des choses, s'il est permis de parler ainsi.
Toutefois, je n'ignore point qu'en mille occur-
rences une érudition de seconde main peut maintenant suppléer à l'érudition essentielle; de plus,
il est vrai de dire qu'ici sur-tout les recherches
déja faites, et les résultats déja obtenus, m'auraient peut-être facilement dispensé de remonter
péniblement jusqu'aux sources. Alors le travail
aurait été complétement à ma mesure, mais il
n'aurait point satisfait les habiles; il ne m'aurait
point satisfait moi-même; il aurait manqué d'a-
bandon et de franchise d'expression; enfin, il
aurait été, dans certaines parties, aride, chargé
de détails techniques, et, dans certaines autres,
tout plein de lacunes. Il me serait loisible, en effet, d'affirmer, non sans raison, que nous sommes
encore très peu avancés dans l'investigation des
faits primitifs; que nous en sommes réduits, le
plus souvent, à conjecturer et à deviner; qu'un
jour nouveau ne tardera pas de se lever sur l'immense horizon des origines; que jusque-là nous
pouvons, sans inconvénient, négliger des connaissances imparfaites, connaissances dépourvues,
quant à présent, d'autorités suffisantes, et qui
tendent seulement à se dégager de mille préjugés
divers; que nous sommes sur-tout obligés à une
plus grande réserve, lorsque la nature et la forme
d'un ouvrage ne nous permettent pas de soumet-

tre à la critique et à la discussion ces connaissances imparfaites, et qu'ainsi nous serions dans
la nécessité de les adopter comme établies et prou-
vées, au lieu de les considérer comme incertaines
et provisoires, destinées à s'accroître et à se ré-
former de jour en jour, puis à disparaître pour
faire place à l'édifice dont elles ne seront peut-
être long-temps encore que le laborieux échafau-
dage. Toutes ces allégations plus ou moins fondées ne seraient, de ma part, qu'un prétexte
puéril pour m'excuser auprès de mes lecteurs;
j'aime mieux, au hasard d'être accusé de présomp-
tion et de témérité, énoncer tout simplement la
raison qui m'a rendu l'ignorance commode et licite. Je me suis confié à cet instinct que j'ai cru
trouver en moi, et qui, au jugement de plusieurs,
m'a fait rencontrer quelquefois l'expression juste
des sentiments de l'antiquité. Peut-être aussi que
les préoccupations de la science m'auraient rendu
moins propre à un certain ordre de méditations.
Les mots et les témoignages m'ont moins caché
les choses. Quant à l'absence des connaissances
géologiques, elle m'oblige à m'abstenir de faire
de l'ancien monde des peintures qui toujours auraient été aventurées et conjecturales, et nos études cosmogoniques ne font que commencer. Ainsi
donc, si j'ai dû désespérer d'atteindre à l'intimité
de la science, j'ai été loin de renoncer à l'espoir de

pénétrer dans l'intimité des choses. Je n'ai point
cherché à restituer des monuments d'histoire ou
de poésie d'après des médailles effacées, d'après
des ruines de ruines, d'après des conjectures ou
des documents incertains ; j'ai évoqué directement
l'esprit des traditions anciennes, et je me suis fa-
miliarisé quelques instants avec cette sorte de
vie nécromancienne.

D'ailleurs, comme je l'ai expliqué plus haut,
d'après l'autorité de Platon, la science de ces
hommes primitifs, vers lesquels je voudrais remonter, ne fut point une science acquise ; ils
écoutaient la voix encore retentissante de la tradition, ou bien, se repliant sur leur nature éminemment sympathique, ils obéissaient à l'entraîne-
ment de leurs facultés intuitives, ou peut-être,
plus heureux que nous ne le croyons, ils étaient
loin d'être complètement délaissés de toute révélation : en effet, cette voix toujours retentissante
de la tradition n'était sans doute autre chose
qu'un son égaré ou affaibli d'une première révélation, dont le témoignage, au reste, n'a jamais cessé
de gouverner le genre humain.

J'ai dit la situation où je me suis placé pour
construire ma fable d'Orphée, et voici ce que j'ai
voulu faire.

Je me suis borné à essayer de peindre les transformations des traditions égyptiennes en tradi-

tions grecques, devenues, à leur tour, traditions romaines. Ce n'est point ainsi qu'historiquement la succession des faits a eu lieu; mais c'est ainsi qu'elle a été consacrée par de très anciens préju-gés. Si je n'ai pas cru devoir m'en affranchir, c'est qu'ils sont loin d'être dissipés, et que la discussion commence seulement sur cet objet comme sur tant d'autres; et je dirai tout-à-l'heure où nous en sommes à cet égard. Pour les autres traditions, les traditions ou antérieures ou contemporaines aux unes et aux autres, je ne pouvais qu'en faire soupçonner l'existence, sans la déterminer d'une manière précise. Enfin, j'ai voulu donner une idée d'une des filiations de la pensée humaine, et je n'ai voulu que cela. Je ne prétends pas, au reste, accréditer plus qu'il ne doit l'être le système de cette filiation, tel que je l'ai retracé; car il a dû prendre la forme de mon esprit, modifié lui-même par le temps où je vis, par le milieu social dans le-quel je me trouve placé; et, de plus, il doit bien être convenu que la contexture de l'ouvrage est toute de mon invention. Quoi qu'il en soit, toutes les autres transformations, ou antérieures ou con-temporaines, primitives ou secondaires, relative-ment à ces temps fabuleux, offrent un champ vaste à qui voudra le parcourir désormais; c'est une des mille routes nouvelles ouvertes à ce que j'ai nommé quelque part la poésie de la pensée.

Ceux qui ne craindront pas de s'y engager après moi verront bien vite que j'ai pris la partie la plus facile de la tâche, et qu'encore je m'y suis dispensé des plus grandes difficultés, ou plutôt que j'en ai été dispensé par la nature et la forme de ma composition, et j'oserai dire par le fond même de mes idées. En un mot, je ne voulais ni ne pouvais faire un tableau dont le mérite fût l'exactitude des détails, mais tracer un dessin où l'on sentît la physionomie des contours. Je laisse aux autres tous les trésors de l'archéologie et d'une philologie profonde, trésors qui s'amassent pour tous, et dont nul, à présent, ne pourra refuser l'usage.

Ces moyens s'offriront d'eux-mêmes, lorsque, plus tard, au sujet de l'histoire romaine, je voudrai produire une autre sorte de conviction.

L'époque où l'on place généralement l'apparition d'Orphée est un peu antérieure à la guerre de Troie, événement qui est considéré, en général, comme la limite des temps fabuleux et des temps historiques, et qui même participe des uns et des autres. Orphée et Hercule sont contemporains; ils entrent tous les deux dans le dénombrement que l'on fait des Argonautes. Au reste, à cette distance, quoique si peu éloignée, tous les temps sont encore confondus, comme pour dérouter à plaisir les chronologistes scrupuleux.

Dans ce passage de l'Orient à l'Occident, de l'Asie à l'Europe, à tout moment, la perspective change, et trompe sur les plans de la scène que le poëte voudrait peindre, que l'historien voudrait retracer. D'une part, cette direction de la poésie primitive à tout vouloir tourner en allégories, ou plutôt à vouloir constater le fait providentiel ou fatal au lieu du fait humain, c'est-à-dire à remonter de l'effet à la cause ; d'une autre part, cette disposition des peuples à localiser, chacun chez lui, les mythes étrangers, et à se les approprier par la transmutation des noms, des lieux, et des temps, ont fait un brillant chaos qui se refuse à la lumière philosophique de notre temps, mais où réside cependant une grande lumière, où se trouve un grand foyer de croyances. C'est ainsi que les aventures arrivées à des personnages mythologiques, et qui furent des types d'allégories, furent appliquées ou attribuées à des personnages héroïques, c'est-à-dire demi-historiques ; c'est ainsi qu'une des premières expéditions nautiques, celle des Argonautes, pour les Grecs, a été l'emblème d'une révolution astronomique. C'est ainsi que les divers planisphères ont été, à-la-fois ou tour-à-tour, des archives hiéroglyphiques des annales du genre humain, des pages d'un poëme cosmogonique. C'est ainsi, et seulement ainsi, que s'expliquent Hercule, Osiris, Bacchus. La Thébes de Béotie est une ville symbolique aussi bien que Troie; cependant ces deux villes ont réellement existé. Les Dioscures, divinités cabiriques, et par conséquent pélasgiennes, sont devenus les deux frères d'Hélène; Hélène elle-même, avant d'être la perfide épouse de Ménélas, fut un emblème de la lune. Mais je n'ai point à faire l'énumération des personnages, des lieux, des villes, qui sont incontestablement identiques, pour la vue de l'esprit, et qui diffèrent, quant à l'existence historique, chronologique, géographique, et astronomique. J'aurai trop souvent occasion de m'en occuper, par la suite, pour qu'il soit nécessaire d'entrer ici dans les détails, de chercher à concilier les écrivains qui ont embrassé le système historique, et ceux qui se sont efforcés à faire entrer les faits dans un système allégorique. Tous ont raison, lorsqu'ils ne veulent pas s'exclure mutuellement.

Voici néanmoins quelques explications sur ce sujet, et ces explications peuvent être considérées comme des points de doctrine :

Un type de l'homme, c'est l'homme même, l'homme d'un temps, l'homme accomplissant une mission providentielle. Hercule, c'est tout l'homme, l'homme défrichant la terre, se l'appropriant par la culture, assainissant les marais formés par la retraite des eaux après quelque grand cataclysme, c'est l'homme enfin domptant les forces rebelles de la nature. Chaque grand peuple de l'antiquité a eu son Hercule; chacun eut sa sibylle.

Les hommes universels, c'est-à-dire les hommes types, sont toujours transformés en hommes nationaux.

Toute la science fut Mercure ou Hermès; tout législateur fut Zoroastre.

Les premiers oracles furent, en Grèce, ceux de Thémis, et Thémis ne fut autre chose que Cérès législatrice; les lois primitives de l'Égypte furent les poëmes d'Isis.

Les faits universels ont été traduits de la même manière que les hommes universels. Chaque peuple a eu, si l'on peut parler ainsi, une traduction des traditions générales du genre humain, qu'il s'est appliquées. La géographie a subi de semblables transformations. Tous les lieux ont eu des noms tirés de leur position réelle, ou de leur position relative. Les désignations d'Hyperboréens, de Cimmériens, et même de Pélasges, furent d'abord des désignations générales de ce genre, qui ont été attribuées ensuite à plusieurs peuples différents. La Méditerranée fut tantôt la mer Égée, tantôt le grand Océan. Deux Hercules, les plus anciens de tous, dont l'un ouvrit les barrières du véritable Océan, dont l'autre forma la vallée que l'homme devait illustrer par tant de créations, nous offriraient peut-être l'emblème d'une grande

catastrophe, célèbre dans l'histoire du monde primitif, le naufrage de l'Atlantide; et, toujours par
des raisons analogues à celles qui viennent d'être
énoncées, le fleuve merveilleux qui descendit pour
féconder cette vallée des prodiges, fut appelé tour-
à-tour Océan, Aigle, Égypte, Nil. Le nom d'Hes-
périe fut successivement porté par l'Épire, par
l'Italie, par l'Espagne. Enfin la géographie positive
produisit une géographie poétique et idéale; et
chaque nation en qui s'éveilla ou l'instinct de la
domination, ou celui de la direction des affaires
humaines, voulut que la contrée où elle était
établie fût, en quelque sorte, le centre, et comme
la représentation du monde entier.

Cette théorie explique beaucoup de choses, et
nous aurons souvent occasion d'y revenir, de nous
en servir comme d'une clef.

Ne soyons donc point étonnés de voir Orphée, si rapproché de la guerre de Troie, puisqu'il passe pour être un des Argonautes, être mis
cependant au nombre des génies civilisateurs. Orphée, c'est la raison de ce qui a précédé; c'est
la naissance du monde civil. Cicéron doutait de
son existence, et nous savons qu'elle avait été
consacrée, même à Rome, par un monument sur
le mont Cœlius; nous savons encore que sa statue en bois d'olivier fut présentée à Alexandre.
Remarquons toutefois, mais uniquement pour en

faire la remarque, qu'Orphée n'a pu être de
Thrace, que les Thraces ont été le peuple le plus
réfractaire aux idées sur lesquelles repose la véritable civilisation, que les tragiques grecs les pei-
gnent comme des barbares, qu'ici sans doute le
nom de Thrace est un nom symbolique, ou un
nom relatif, appartenant à cette géographie idéale
dont nous venons de parler, et qui sera souvent,
pour nous, un sujet d'instruction.

L'ère de Nabonassar, la fondation de Rome,
l'institution des olympiades, l'Égypte connue des
Grecs, et visitée par eux, tout ce concours de
choses forme un synchronisme général, assez extraordinaire, que l'on s'est accoutumé à prendre
pour l'aurore du monde historique, et qui manifeste, à lui seul, une sorte de spontanéité dans tout
le genre humain. Pour le temps qui précède, celui
qui doit attirer notre attention, en ce moment,
nous trouvons un autre genre de spontanéité, et
notre chronologie n'est pas obscure sans quelques
points lumineux. Le Protée d'Hérodote et des
tragiques, c'est-à-dire le Protée des poëtes, et
le Cétès de Diodore, sont les souverains de l'É-
gypte, désignés comme contemporains de la
guerre de Troie. Ainsi, j'ai pu adopter Protée
pour un personnage palingénésique de cette époque, et lui appliquer même, non sans motif, ce
qui a été dit plus formellement au sujet d'Horus :

« Horus, selon Diodore, paraît avoir été le dernier
roi participant de la divinité, qui ait gouverné
l'Égypte.» Le Protée, au reste, ancien mythe civil,
trouvera son analogue, sous une forme plus rude
et plus sauvage, dans celui de Servius Tullius,
que nous aurons à retracer, quand il en sera
temps; comme l'inflexible Appius Claudius sera,
pour nous, l'Orphée romain, mais un Orphée
d'une nature cyclopéenne, contenant des hommes
indomptés, par les durs liens du *nexus,* au lieu
de les adoucir par les sons harmonieux de la lyre
civilisatrice. Je ne sais, mais il me semble quelquefois que l'antiquité tout entière m'apparaisse
comme un songe infini, formé de mille reminis-
cences.

Quoi qu'il en soit, j'ai dû peu m'inquiéter de toutes les incertitudes que je viens de signaler relativement aux premiers temps de la Grèce; j'ai dû
prendre les mythes pour des mythes, tout en rendant à ce mot son acception primitive, qui est emblême de la vérité. «L'univers est lui-même un mythe,» a dit excellemment Salluste le philosophe.
Un autre philosophe, dont la crédulité dérive
quelquefois d'une source bien haute, Plutarque
a dit quelque part un mot d'un sens profond: «La
religion est l'histoire allégorique de la nature.»
C'est dans le même sens que les premiers philosophes chrétiens établissaient un parallélisme des

règnes de la nature et de la grace, d'où résultait une magnifique harmonie. Néanmoins, j'ai dû peu m'inquiéter aussi de l'institution des Mystères dans la gentilité. Je les ai pris pour un fait, sans en creuser l'origine, et sans chercher à en présenter un spectacle exact. Une description poétique de l'initiation est toute faite dans le sixième livre de l'Énéide; une description technique, autant qu'elle est possible, et qui a le grand défaut de ressembler à des illusions de théâtre, se trouve dans le Sethos du savant abbé Terrasson; enfin une description indiscrète, mais mêlée d'une théurgie moderne, est consignée dans le livre d'Apulée. Orphée avait chanté la descente aux enfers; ce poëme, qui sans doute aussi était une peinture de l'initiation, n'était peut-être pas encore perdu au temps de Virgile.

Orphée, tel que je l'ai conçu, n'est ni un personnage mythologique, ni un personnage historique; c'est le nom donné à une tradition, à un ordre de choses; peu importe donc la question de son existence. Cette manière de considérer un sujet paraîtra nouvelle; je desire qu'elle ne paraisse que nouvelle : elle résulte, au reste, de l'ensemble même de mes idées.

Quant à ma fable, elle est placée, pour le temps, entre l'Iliade et l'Énéide. Cette communauté de généalogies, qui unit les rois de la

Troade, ceux de la Grèce, et ceux du Latium, n'est point de mon invention: la souche, d'après Virgile, remonte à Atlas, et ce sont les Atlantes qui ont donné aux peuples les dynasties de cet âge du monde. Bailly, dans ses Lettres sur l'Atlantide, n'a point fait usage de ces traditions obscures, il est vrai, et qui eurent cependant assez de crédit sur l'esprit de Virgile, ou qui étaient encore assez répandues, de son temps, pour qu'il se crût en droit de les employer. Notre savant historien de l'Astronomie craignait peut-être qu'elles n'eussent contredit son système, relativement au lieu assigné par lui au peuple primitif. Tous les historiens romains, sans exception, tous les monuments de la poésie latine, et même ceux de la poésie grecque, suffisent bien pour autoriser ma fable, si toutefois elle a besoin d'être autorisée. Virgile, nous devons bien y prendre garde, n'est ni mythographe, ni théosophe; il n'affirme aucune croyance, ni ne la constate; ce n'était pas le temps de telles choses: son merveilleux est tout-à-fait ce que nos rhéteurs ont désigné sous le nom de machines épiques. Les poëtes primitifs étaient d'un autre ordre. Virgile était cependant de cette race divine; car, une fois, il a réellement vaticiné: que l'on veuille bien souffrir cette expression qui unit la pensée de l'inspiration à celle de la prophétie, c'est-à-dire l'enthousiasme doué de la vue la plus élevée et de la seconde vue. Il y a dans l'Ion de Platon une admirable comparaison de la puissance magnétique, qui se transmet d'anneau en anneau jusqu'à l'extrémité de la chaîne, avec l'inspiration primitive et l'inspiration secondaire : c'est par cette comparaison que j'expliquerais Virgile. Il paraît avoir eu l'impression confuse de ces deux inspirations successives, lorsqu'il a fait dire à la sibylle :

Quæ Phœbo pater omnipotens, mihi Phœbus Apollo
Prædixit.

Au reste, si Virgile a pu prendre le rameau d'or de l'initiation, il est fort à remarquer que rien, dans Homère, n'indique l'institution des Mystères, ou n'y fait allusion : chez lui, l'évocation des manes n'est que de la nécromancie. J'oserais presque affirmer que les compilateurs du canon homérique, tel que nous l'avons à présent, furent dirigés dans leur travail par une prudence politique, ou par des scrupules religieux. Peut-être cette prudence et ces scrupules avaient-ils commencé par les rhapsodes. Les voyages de Jupiter chez les sages Éthiopiens sont la seule trace d'une pensée ou d'une allégorie qui puisse se rapporter aux Mystères : c'est sans doute une tradition d'un monde antérieur, d'une religion précédente. Remarquez encore e, dans Virgile, poëte d'une civilisation parvenue à son extrême maturité, c'est la science qui produit l'inspiration, lorsque toutefois le poëte est original relativement à son temps, et qu'il n'est pas dans le chemin battu de l'imitation.

Je puis dire à présent que, sous ce point de vue, l'Antigone que je publiai il y a quelques années, l'Iliade, l'Odyssée, l'Orphée, que j'imprime aujourd'hui, et l'Énéide, forment une sorte de cycle épique. J'ajouterais volontiers à cette série le poëme si profondément historique de Lucain; mais alors je devrais y comprendre aussi le tableau des sécessions plébéiennes qui fera partie de la Formule générale annoncée dans la préface de cette Palingénésie. Nul, en effet, ne saurait disputer à Lucain la science intime de la chose romaine, même dans l'acception la plus primitive; car son inspiration, qui porte l'empreinte d'une telle douleur pour la cause de la liberté, est, en même temps, l'expression la plus énergique d'un sentiment tout patricien. La comparaison de Virgile et de Lucain, non sous le rapport des formes, ce qui appartient aux rhéteurs, mais sous le rapport de cette science intime, qui est à la fois une philosophie et une poésie; la comparaison, dis-je, de Virgile et de Lucain ne serait pas sans importance et sans intérêt; seulement elle m'entraînerait dans une trop longue digression.

Homère passe généralement pour avoir fait une Thébaïde : le temps nous a envié ce poëme, qui devait être le premier de la plus merveilleuse trilogie, et que Stace est loin d'avoir remplacé. L'Antigone ne se lie en aucune manière à la pensée de ressusciter la Thébaïde perdue; j'avais cédé à une autre inspiration. Voilà pourquoi le Tirésias de cette première composition est resté fort au-dessous de son rôle d'Hiérophante, de fondateur, de législateur religieux, rôle qui aurait pu lui appartenir à aussi juste titre qu'à Orphée, rôle qu'Homère lui avait sans doute conservé, et que les tragiques grecs n'ont pas craint d'altérer. On retrouvera ici une partie du véritable Tirésias, le scrutateur du mystère et de l'inconnu.

Le vieillard Nautès, que Virgile fait paraître un instant, est un personnage initiateur, tout semblable à notre Thamyris; c'est le prophète de la fable virgilienne, comme Énée en est le pontife. Il paraîtrait que Nautès fut, chez les Romains, le fondateur d'un collége de prêtres. Mais toujours un fondateur trouve quelque chose d'établi; toujours il trouve un dieu Terme, qu'il n'est pas en sa puissance de déplacer; et c'est toujours là-dessus qu'il est tenu d'élever son édifice : cette nécessité est le grand obstacle pour assigner un commencement à une institution quelconque. Voyez aussi le désespoir des archéologues, lors-

qu'ils croient pouvoir convertir la poésie en histoire, lorsque, par exemple, ils cherchent à expliquer le conseil des Amphictyons et l'Oracle de
Delphes.

Il est évident que Virgile a voulu consacrer, par
la poésie, les origines romaines; mais il a trouvé
d'autres origines antérieures. Il dut être arrêté sur-
tout par l'antiquité des traditions de l'Étrurie,
traditions dont l'esprit était peut-être mal connu de
son temps, qui fut celui où la philosophie épicu-
rienne et incrédule commençait ses ravages; et
n'oublions pas qu'il avait à-la-fois pour secours et
pour obstacle les ouvrages du prince des archéologues, de Varron, le plus savant des Romains.
Les poëtes qui ont eu à consacrer les origines
grecques n'ont pas éprouvé le même embarras,
car ils ne songeaient point à arranger un plan, à
faire un livre, à concilier des traditions entre
elles. Ils disaient à la Muse de chanter. Le temps
de ces traditions arrangées, qui même quelquefois
mériteraient plutôt le nom de pseudo-traditions,
a commencé sur-tout aux poëtes Alexandrins. Virgile, sous ce rapport, peut être dit notre contem-
porain; il choisit dans les faits et les traditions, il
les ordonne dans sa pensée; enfin, il dispose, il exécute un travail, très beau, il est vrai, mais c'est
une production de l'art. Il nous reste une preuve
des difficultés que rencontra ce grand poëte pour
la construction d'une fable, qui ne s'offrait pas à

lui toute faite. Dans une lettre qu'il écrivait, à ce sujet, à Auguste, il avoue qu'il craignait d'en devenir fou : *vitio mentis laborare mihi videor*. Telle fut, sans doute, la cause qui, au moment de sa mort, lui fit desirer que l'Énéide fût livrée aux flammes. Quoi qu'il en soit, j'ai encore dû prendre mon parti à cet égard, et le palladium enlevé à Troie, le feu sacré de Vesta, Numa, la nymphe Égérie, les livres sibyllins, tout cet ensemble a suffi pour motiver une filiation de traditions, que j'ai ensuite prise, comme tant d'autres objets, pour un fait, pour mon point d'appui, pour mon dieu Terme.

Les Romains, qui ont eu si tard des poëtes, ont laissé leur histoire primitive en proie à des poëtes grecs émigrés, ou plûtôt à des poëtes restés étrangers au mystère profond et incommunicable de la cité, car les patriciens, austères et jaloux gardiens de ce mystère, ne consentirent jamais à le divulguer ; de plus, ils ne voulurent que très tard cultiver les lettres humaines ; mais ces traditions, quoi qu'il en soit, étaient devenues nationales, et avaient été adoptées par le gouvernement même, puisqu'il y a des stipulations de traités qui en font foi, des inscriptions de colonnes, des monuments de différents genres. Je citerai deux faits seulement entre tous ceux qui seraient à ma disposition. Dans un traité avec la Macé-

doine, on trouve des clauses favorables aux habitants d'Ilion, parcequ'Ilion est considéré comme
le berceau de la race romaine; et lorsque les Sci-
pions, quinze ans après, passent l'Hellespont, le
consul va offrir un sacrifice dans l'antique cita-
delle d'Ilion. Toutefois il paraît certain que le
culte de Vénus était inconnu sous les rois. Ce
n'est point ici le lieu de chercher à fixer les diverses phases du mythe romain.

Pour bien comprendre à quel point Rome a été
long-temps privée de ces sortes de chants nationaux, dont rien ne peut remplacer les imposants
témoignages, et qui, par-tout ailleurs, chez les
peuples anciens, ont été une histoire vivante,
transmise d'âge en âge, il faudrait d'abord bien
comprendre ce que fut l'état des plébéiens, ce que
fut l'énergique institution du patriciat, dans les
trois premiers siècles. Gardons-nous de croire néanmoins que les documents aient absolument manqué; car s'il en était ainsi, nous n'aurions aucun
espoir de parvenir à quelque certitude à cet
égard; mais comme je l'ai déjà dit, je dois m'abstenir, quant à présent, d'entrer dans tous ces détails, puisque nous devons, spécialement, explorer
les véritables sources de l'histoire romaine.

Quelques personnes pourront trouver que j'ai
été bien hardi, en donnant aux prêtres de l'É-
gypte la magistrature du monde. Quoique ceci

soit entièrement une vue de mon esprit, j'y ai cependant été amené par une forte et puissante induction. Cette direction que s'était arrogée le sacerdoce égyptien, pourrait, au reste, s'appuyer
facilement sur des preuves historiques. Virgile a
fait initier son héros: en cela, sans doute, il a
obéi à un préjugé qui retentissait encore de son
temps, à savoir, que les législateurs et les institu-
teurs des peuples avaient besoin d'être initiés pour
accomplir leur haute mission. Serait-ce aussi le
motif qui aurait porté Auguste à recevoir l'initiation d'Éleusis? Il est certain qu'il a fallu long-
temps être initié ou inspiré, pour que les hommes
destinés à l'obéissance eussent une raison de leur
docilité. Je ne sais même si, à ce sujet, il ne serait
pas permis de disculper Virgile de l'accusation
qui lui a été souvent faite d'avoir composé son
poëme dans une intention de flatterie. Nous exa-
minerons ailleurs le fait primitif, le fait qui a
précédé le droit, qui l'a précédé par-tout.

Je disais tout-à-l'heure que Virgile n'est ni un
poëte mythographe ni un théosophe; je ne le mets
point non plus au nombre des hommes spontanés:
qu'il me soit permis d'affirmer que l'inspiration
à laquelle j'obéis est plus près des inspirations
primitives; oui, j'ai plus que Virgile, incompa-
rablement plus, le sentiment de ces choses que
j'oserai appeler divines; car enfin, il ne faut pas

craindre de manifester sa propre justification, lorsqu'on est entré dans la voie difficile où je me trouve engagé. Et qui croirait en moi, si je n'y croyais pas moi-même ? Virgile fut atteint par les philosophies douteuses et incrédules de son temps, et jamais aucune de mes convictions intimes n'a été ébranlée. Dieu, sans doute, voulait quelque chose de moi !

Une remarque à faire ici, c'est que l'ère Alexandrine, qui est une ère d'imitation, a marqué par la poésie les premiers pas d'une carrière nouvelle pour les facultés humaines cessant d'être intuitives. L'âge de la poésie spontanée était donc fini depuis long-temps lorsque Virgile entreprit son épopée : de plus, il était un homme nouveau, étranger à ces sympathies patriciennes qui survécurent à tant de calamités, et qui, dans Lucain, exhalèrent les derniers accents d'un farouche patriotisme. Toutefois, rattachant la chose religieuse romaine aux traditions de l'Orient, ainsi qu'il y était autorisé, comme nous l'avons vu plus haut, il s'est rendu l'historien de la cité, de la même manière que Tite-Live est l'historien de la ville.

La chose romaine, au reste, lorsque nous aurons à nous en occuper, nous signalera mieux cette sorte de mythe que nous avons désigné sous le nom de mythe civil, et que, par induction, nous devons retrouver plus ou moins chez tous les peuples, aux diverses époques, correspondantes entre elles, d'une chronologie générale dont les cycles successifs sont des temps indéterminés, des périodes de civilisation, sans mesure fixe.

J'ai encore à dire, au sujet des prêtres de l'Égypte : Les destinées humaines n'auraient-elles eu une direction que chez le peuple hébreu ? Le reste des nations aurait-il été abandonné à l'incertitude de la pensée humaine, ou plutôt à l'ignorance qui constitue la pensée humaine, lorsqu'on la considère séparée de sa source, dégagée de son principe, c'est-à-dire dépouillée à-la-fois de toute révélation et de toute tradition ? Tous les documents de l'histoire, tous les témoignages des siècles, seraient-ils menteurs en ce point ? Ceux à qui fut attribuée l'éminente fonction de civiliser les hommes, voulez-vous les faire descendre de la sphère élevée où ils dominent, pour les changer, de votre propre autorité, en de vils et d'heureux imposteurs ? Voulez-vous que votre dédain aille ensuite des jongleurs au genre humain lui-même, qui toujours se laisserait abuser ? Voulez-vous enfin substituer les aveugles contingences du hasard au gouvernement régulier, à la conduite initiative de la Providence ? Voulez-vous encore donner un démenti formel à la plupart des premiers Pères de l'Église, qui n'ont pas hésité à reconnaître des missions dans la gentilité ? Et sur-tout n'est-il pas écrit, dans les Actes des Apôtres, que Dieu ne s'est jamais laissé sans témoignage? N'est-ce pas en cela que consistent les traditions générales du genre humain, traduites dans toutes les langues, acclimatées chez tous les peuples, selon le génie des peuples et des langues, transformées dans tous les cultes, selon les temps et les lieux? Pour ne pas sortir de la thèse particulière où nous sommes en ce moment, n'est-il pas écrit, dans ces mêmes Actes des Apôtres, que Moïse s'était instruit dans toute la science des Égytiens? Or la science des Égyptiens entrait donc au moins dans les voies préparatoires pour nos propres traditions. N'est-il pas naturel, de plus, de penser que ceux qui, parmi les nations, occupaient alors le point culminant de la civilisation devaient être attentifs au mouvement de toutes les affaires humaines? Mais ici, il faudrait entrer dans l'essence des Mystères, et ce n'est point mon but. Qu'il me soit permis seulement de transcrire quelques lignes du comte Ouvaroff, sur ceux d'Eleusis.

« Le grand principe sur lequel reposait le po- « lythéisme, était, comme Warburton l'a savam- « ment démontré, l'admission de toutes les idées « religieuses. » « Le Maître de l'univers, dit Thé- « mistius, semble se plaire à cette diversité des « cultes. Il veut que les Égyptiens l'adorent d'une « manière, les Grecs, d'une autre, les Syriens,

« d'une troisième; encore tous les Syriens n'ont-ils
« pas le même culte. »

J'ajouterai que l'esprit des prêtres de l'Égypte
fut d'accueillir tous les systèmes, toutes les opinions, à-peu-près comme les Romains adoptèrent
tous les dieux des nations. L'influence qu'ils exer-
cèrent fut donc toujours relative à l'esprit, aux
mœurs, aux traditions plus ou moins accréditées
de chaque peuple. Si cette conjecture a quelque
fondement, la direction que se serait arrogée le
sacerdoce égyptien serait, en quelque sorte, une
imitation hardie et philosophique du gouvernement même de la divine Providence.

Les enseignements, les doctrines des Mystères,
venaient saisir ceux que l'incrédulité aurait pu
entraîner au sortir du sein de tant de croyances
superstitieuses que nous ne pouvons apprécier.
Il fallait bien un appui au sentiment religieux.

Toutefois, je ne partage point l'opinion de Warburton sur le principe du polythéisme. J'admettrais
plus volontiers cet autre principe: l'insondable
unité de Dieu a besoin d'être dispersée, ou détaillée,
pour être saisie; c'est ainsi que nous analysons
l'homme, pour chercher à le comprendre. Par la
pensée humaine, Dieu est dispersé dans ses attributs, parceque la pensée humaine est condamnée
à être successive. Les hymnes d'Orphée, dont il ne
s'agit point ici de discuter ni l'authenticité, ni l'ori-

gine traditionnelle, les hymnes attribuées à Orphée
sont des sortes de litánies lithurgiques, qui contiennent des énumérations d'attributs. Tous les
attributs de la puissance suprême, créatrice, sont
donnés à chaque divinité, comme si chaque divinité était le Dieu suprême, créateur, ordonnateur,
unique; car, en effet, Dieu est tout entier dans
chacun de ses symboles.

Dans les Mystères, on aurait donc rétabli l'u-
nité de Dieu.

Les Mystères étaient encore, sous une forme
évocatrice, le passé et l'avenir du genre humain par les traditions générales, plus ou moins
conservées, plus ou moins altérées, plus ou
moins transformées.

Il paraît bien qu'on y enseignait les retours cycliques, la misère des familles humaines primitives : c'était, sans doute, une manière emblématique et mythique d'inculquer l'idée fondamentale
de la perfectibilité successive de l'ame humaine,
à la condition des épreuves; cette perfectibilité
et ces épreuves représentées, dans les divers grades de l'initiation, par la terreur ou le charme des
spectacles dont on frappait les sens.

Quant aux paroles de Thémistius, citées par le
comte Ouvaroff, il faut exclure de cet assentiment les cultes immoraux, les croyances qui ne
sont qu'une dépravation des idées religieuses,

entendues dans l'acception la plus générale ; et cependant soyons toujours un peu en garde contre de telles accusations d'immoralité, parcequ'en effet, nous pouvons être fort égarés par la nature même et la forme des emblèmes. Les traditions, soyons-en bien convaincus, ne peuvent jamais être entièrement perverties. Sous ce point de vue élevé, la diversité des cultes a quelque analogie avec la diversité des langues : on a peine à suivre la pensée divine dans les enveloppes que lui prête la pensée humaine ; mais c'est toujours la pensée divine. Je ne sais si l'opinion de Thémistius ne pourrait pas être prise aussi pour l'expression d'une tolérance universelle ; mais, dans tous les cas, souvenons-nous que l'Égypte était loin d'avoir adopté un régime de tolérance.

Cicéron dit que les Mystères ont civilisé les hommes : « Les Mystères, ce sont ses expressions, nous ont donné la vie, la nourriture ; ils ont enseigné les mœurs et les lois aux sociétés ; ils ont appris aux hommes à vivre en hommes. »

Parmi les nations de la gentilité, celles qui ont été privées de l'institution des Mystères sont restées plus long-temps en arrière de la civilisation.

Les anciens disaient que les initiés seuls parvenaient à la vie heureuse de l'Élysée, et que les autres étaient plongés dans le Tartare : dans le langage de l'initiation, cela voulait dire sans doute que le reste serait appelé à de nouvelles épreuves; car, si l'on n'admettait pas un tel sens, il y aurait injustice. Servius explique, et il y était autorisé, que l'Enfer, la région inférieure, c'est notre monde. Cette hypothèse s'accorde parfaitement, ainsi que nous ver ʋns de le voir, avec les idées antiques, avec les doctrines primitives et traditionnelles de l'épreuve et de l'expiation.

C'est bien le moment de répéter que, sous certains rapports, le christianisme a été l'initiation devenue générale et populaire.

De tout ce qui a été dit plus haut, et d'autres documents qu'il serait facile d'accumuler, il résulte que la civilisation de la Grèce est une civilisation secondaire, extérieurement imposée; c'est un fait qui n'est point contesté, quoique presque tous les peuples de cette contrée se soient dits autochtones. La même chose peut s'affirmer des diverses populations italiques. Nous savons à présent que toujours la civilisation est imposée à un peuple, par des moyens extérieurs à ce peuple, et quelquefois très violents, ce qui détruit de fond en comble tous les systèmes du siècle dernier sur la convention et sur le contrat primitif; et c'est là, pour le dire ici d'avance, une des premières données qui m'ont conduit à la pensée de la Ville des Expiations, dont nous aurons bientôt

à exposer le dessein. L'éducation de l'homme, l'é-
ducation d'un peuple, celle du genre humain, sont
toujours pénibles et souvent douloureuses. Nous
avons commencé à en entrevoir les raisons, et
nous en trouverons quelques développements
dans la suite des différents écrits qui composent
la Palingénésie sociale.

Nous devrions, à ce sujet, examiner la question importante des civilisations spontanées et des
civilisations transmises. Mais, si l'on m'a bien
compris, on sait que je suis loin de croire aux
premières, dans un sens absolu.

Selon moi, immédiatement après la dernière
révolution qui changea la surface de la terre, dès
qu'une contrée fut habitable, elle fut habitée. Un
instinct analogue à celui des oiseaux voyageurs,
inspiré par la Providence divine, convia les familles humaines primitives à se disperser sur tout
le globe, à mesure que les eaux se retiraient, à
mesure que les volcans cessaient de brûler, et,
dans cet antique partage du monde désert, dont
nous trouvons les premières traces dans la Genèse, chaque chef de l'essaim emporta avec lui
une partie des traditions, héritage commun de
ces familles humaines primitives.

Ensuite un autre instinct, analogue à celui qui
dirige l'abeille dans la construction de sa ruche,
présida par-tout à l'établissement des villes pri-

mitives; la forme même de ces villes primitives fut comme un hyéroglyphe, une sorte de mythe plastique de l'institution sociale.

Les colonies régulières, les conquêtes, les mélanges de races, les diverses modifications de l'institution primitive, ainsi spontanée et traditionnelle à-la-fois, appartiennent aux âges suivants.

Appuyons notre pensée, et que ce soit avec quelque vigueur et quelque indépendance, sur l'analogie évidente de toutes les histoires sacrées et de toutes les histoires profanes, primitives, nous trouverons que toutes suivent les mêmes développements dans l'origine, les mêmes évolutions dans leurs crises, sont soumises aux mêmes périodes, ont les mêmes suites et les mêmes retours; c'est en quelque sorte un grand cycle, toujours semblable, toujours analogue, toujours identique. En d'autres termes, c'est toujours la même succession d'épreuves, et qui ne varie que dans les applications. Maintenant que nous avons affermi nos pas, nous pouvons entrer avec plus d'assurance dans de nouvelles considérations; ce qui précède et ce qui suit se serviront d'explication mutuelle.

Pour en revenir donc au sujet dont nous nous occupions tout-à-l'heure, que savons-nous enfin s'il n'y a pas toujours eu deux centres de direction, l'un, de la pensée divine, et l'autre, de la pensée

humaine? Qu'il me soit permis de faire, à cette
occasion, une remarque incidente, qui se rapporte
au temps où nous vivons. Les deux centres de direction luttent l'un contre l'autre, avec des forces
puissantes, mais tout-à-fait distinctes entre elles.
C'est le signe le plus caractéristique de toutes les
époques palingénésiques; et il arrive à présent ce
qui arrive toujours, c'est que l'on se trompe sur
le centre religieux. La pensée divine n'est plus là
où on la croit, et n'est pas encore dans le centre
opposé. Enfin, pour achever ma pensée, ne peut-
on pas croire à deux volontés produisant chacune
un destin différent?

En voyant une foule agir, quelquefois non en
vertu d'un ordre, mais par une impulsion puisée
en elle-même, on prend une idée de ce qu'est le
genre humain dans l'ensemble de ses destinées,
dans l'identité de l'être individuel et de l'être collectif. La pensée humaine serait-elle donc une
des puissances de ce monde? Une volonté seule est
douée sans doute d'une grande puissance, mais
elle ne devient, en quelque sorte, toute puissante,
que dans le moment où elle exprime le sentiment
du grand nombre, dans l'instant où elle représente la multitude des autres volontés. Alors c'est
Hercule prenant possession de la terre.

Dieu qui a fait l'homme a su qu'il faisait une volonté libre et indépendante; et il a voulu que ce

fût ainsi. Il en est de même des autres intelligences qui ont été placées dans les autres mondes; car, sans doute, chaque monde a sa créature supérieure, qui est un sommet, un perfectionnement, un but, peut-être même une cause. Les livres sacrés des Indiens accordent à la pensée humaine une puissance dont nous aurions peine à comprendre l'inconcevable étendue, parceque nous sommes restés bien loin de leurs doctrines mystiques.

La volonté humaine peut créer un destin, par la raison qu'un fait, en soi, est une chose irréfragable; mais le destin créé par l'homme, à son tour est brisé par le destin qui résulte des lois générales de la Providence; et Prométhée est cloué sur le Caucase, évènement qui, plus d'une fois, est arrivé dans le monde.

La Providence a des lois successives, qui forment des destins successifs; et, lorsque le temps est venu, Prométhée est déchargé de ses fers.

Prométhée, c'est l'homme se faisant lui-même par l'énergie de sa pensée.

La liberté des êtres intelligents a été prévue dans les lois qui gouvernent l'univers. Dieu s'est imposé, s'il est permis de parler ainsi, le devoir de la respecter; mais il s'est, en même temps, réservé la faculté de la réprimer, car elle aurait pu aller jusqu'à troubler l'harmonie des mondes.

L'homme ayant été créé libre, et Dieu lui ayant donné, dans la conscience, un guide, le mal qui résulte de la liberté, et qui est un mal nécessaire, ne peut être attribué à Dieu. Cette conscience se développe et s'éclaire par les moyens que Dieu nous a fournis, et qu'il nous dispense en raison de nos progrès; voilà ce qui fait que l'appréciation même du mal peut varier, selon les temps et les lieux. Il y a donc une conscience que j'oserais dire primitive, et une conscience que j'oserais appeler acquise. Ces deux consciences doivent entrer dans la mesure de l'appréciation. Enfin cette vie est une épreuve à laquelle succéderont d'autres épreuves, selon les besoins de chacun, car il faut que toute créature parvienne à la perfection à laquelle elle est propre, à laquelle elle a droit par son essence même; et alors, mais seulement alors, elle entre dans la plénitude de son état définitif. La durée des épreuves successives prend plus ou moins de temps; mais le temps nous importe fort peu, quand il s'agit des plans de Dieu, puisque Dieu a les trésors de l'éternité. Ainsi donc nous ne pouvons pas juger la question de l'introduction du mal, puisque nous ne connaissons qu'une partie d'un plan, qui ne doit être jugé que dans l'ensemble; et la vie actuelle n'est autre chose qu'une des épreuves que nous avons à subir. Le système des purifications, dogme primitif et uni-

versel, admettrait donc un état définitif bon ou
mauvais, selon que l'être aurait résisté ou cédé à
la purification. Il viendrait donc un moment où
il n'y aurait plus lieu ni à mériter, ni à démériter.
Ce n'est point là le dogme si profondément chrétien du purgatoire. Aussi me crois-je complètement
autorisé à penser que la substance intelligente
finira par être bonne, mais d'une bonté acquise
par elle-même; car le bonheur auquel elle est appelée, il faut qu'elle le mérite.

« Dieu veut que tous les hommes soient sauvés,
« et parviennent à la connaissance de la vérité. »
C'est saint Paul qui parle ainsi.

Une courbe, comme on le sait, peut s'étudier
dans une de ses parties : notre existence actuelle,
le monde où nous sommes placés, sont une fort
petite partie d'une immense parabole, d'un cycle
palingénésique infini dont il nous est permis,
sans doute, peut-être même prescrit de chercher
à connaître quelques lois, d'après les moyens, soit
d'intuition, soit de révélation, qui nous ont été
accordés.

Reprenons quelques unes de nos propositions,
pour les présenter sous un jour un peu différent,
et ne craignons même pas de nous servir quelquefois des expressions que nous venons d'employer; ce n'est point ici le cas de trop céder à
des délicatesses de langage.

En voyant une foule, on est porté à croire que la pensée humaine est une des puissances de ce monde.

La pensée humaine, en effet, a une puissance de création. Elle fait le monde ce qu'il est pour nous.

Selon des sectes indiennes, selon quelques commentateurs de la Bible, elle a participé à la création.

Les Élohim, c'est l'intelligence humaine, dans son essence primitive, selon ces mêmes commentateurs.

Nommer une chose, dans la force de la prérogative qui donne la faculté de nommer, c'est connaître l'essence de cette chose; et c'est dans ce sens que le nom de Dieu est Dieu même. Les païens ont nommé les attributs de Dieu, et ces attributs ont été des dieux.

La prérogative de nommer est donc, en quelque sorte, une participation à la création.

Dans la Genèse, l'homme reçoit le pouvoir de nommer les animaux: quels que soient les interprétations et les commentaires, ceci a un sens immense, sur-tout si l'on examine les paroles dont se sert l'écrivain sacré, et qui toutes indiquent, dans celui qui nomme, une connaissance intime de la nature, des facultés, de l'essence de l'être nommé. La faculté de nommer, accordée à l'homme, est donc, au moins, une prise de possession de la création.

Si les animaux, et cette supposition gratuite peut servir à m'expliquer mieux, si les animaux avaient ce qu'il faut d'intelligence pour considérer, sans les comprendre, des choses qui, au reste, sont également hors de notre portée, pour lier sur-tout des idées de causes et d'effets, nul doute que ceux dont l'intelligence serait encore plus développée, ne prissent l'homme pour le maître et l'ordonnateur, peut-être même pour le créateur de la terre.

Les Indiens croient qu'un pénitent peut s'élever jusqu'à être une des puissances créatrices et conservatrices, jusqu'à détrôner un Dieu. Une mysticité si audacieuse n'a point pénétré chez nous; mais qui sait ce qu'eût été l'homme sans l'état de déchéance? Qui sait ce qu'il est destiné à devenir, puisque la réhabilitation doit, tôt ou tard, le replacer dans l'état où il serait sans la déchéance?

Pourrait-on se faire une idée de ce qu'est la volonté humaine? Elle n'a que deux forces au-dessus d'elle : la Providence et le Destin. Le Destin, dans le sens le plus étendu et le plus général, c'est l'irrévocabilité d'un acte de volonté, produit au-dehors. Le Destin est donc tantôt le résultat de la volonté divine, ou de la Providence, et tantôt l'ouvrage de l'homme.

La foi est, si l'on peut parler ainsi, une assimilation de la volonté divine dans une volonté humaine; elle est forte par elle-même; elle est forte
aussi, en ce qu'un homme qui a la foi a toujours
une armée derrière lui.

Nous parlerons peut-être, plus loin, de quelques individus qui sont, ou qui se rendent les
représentants, l'expression vivante d'un système
d'idées, d'un principe, d'une opinion, d'une
croyance. Cette rare faculté d'assimilation, c'est
une idée identifiée dans un individu humain, devenue, en quelque manière, son moi : certainement il y en a de plusieurs sortes.

Prométhée, et ce personnage allégorique doit
s'offrir souvent à nous, Prométhée, c'est la volonté humaine luttant à-la-fois contre la Providence et contre le Destin; s'il n'eût lutté que
contre le Destin, il n'aurait point été puni, car
c'est précisément là un des actes exigés de l'homme. Prométhée, c'est aussi, comme nous le disions
tout-à-l'heure, l'homme se faisant lui-même. Épi-
méthée représente une cosmogonie antérieure à
l'homme; Prométhée représente une cosmogonie
postérieure : ce double mythe méritera, plus tard,
toute notre attention.

Nous ne saurions trop l'établir comme un des
points de la religion du genre humain; une créature intelligente, par sa nature de créature intelli-

gente, est une puissance libre et indépendante, une puissance dans l'ordre général.

Dieu qui a fait l'homme, a su, ainsi que nous le disions encore, qu'il faisait une volonté libre et indépendante. Il en est de même des autres intelligences, qui peut-être sont dans les autres mondes. L'homme fait la terre et son horizon. Les autres font les autres mondes et leur horizon. Puis peut-être créent-elles hors du monde où elles sont. Il est en nous des choses qui nous conduisent à concevoir une telle prérogative, ce qui prouve beaucoup. Le philosophe qui demandait de la matière et du mouvement pour faire un monde, connaissait le pouvoir de l'intelligence. Mesurer la terre et la profondeur des eaux, parvenir à connaître quelques unes des lois de l'univers, c'est une sorte d'association avec le créateur lui-même : cette divine ressemblance de l'homme, racontée par la Genèse, n'est donc pas une expression vaine et emphatique de l'Orient.

Ainsi deux Destins, l'un produit par Dieu, l'autre par l'homme. La conséquence inévitable de principes une fois adoptés et la force des choses formeront toujours un Destin. Ainsi donc l'homme ferait un destin par sa liberté, et ce destin serait prévu de Dieu. Ainsi encore, Dieu achèverait ses plans, par le libre arbitre de l'homme, dans la sphère où l'homme a reçu le pouvoir d'agir.

Ne nous perdons pas plus long-temps dans de si difficiles méditations; d'ailleurs nous aurons souvent occasion d'y revenir.

Quand on dit que Dieu, prévoyant que tel être abuserait de sa liberté, aurait dû s'abstenir de créer cet être, c'est comme si l'on disait que Dieu aurait dû s'abstenir de créer des intelligences libres. Ensuite, si l'on vient à élaguer, par la pensée, les hommes que, dans cette vue, Dieu aurait dû s'abstenir de créer, on sera étonné de voir que tous les hommes peut-être auraient dû être retranchés de la création, car tous les hommes abusent de la liberté, ou en usent mal. Ceux qui nous paraissent le plus parfaits ont des imperfections que nous n'apercevons point. Et souvent même des génies sublimes qui ont charmé ou éclairé les hommes sont tombés dans les plus déplorables égarements. Souvent encore, le flambeau de la science a brillé dans la main d'un impie; et celui dont la vie privée était un outrage à la vertu et à la morale, plus d'une fois, alluma dans les ames le feu céleste de la morale et de la vertu. Oui, nous ne connaissons qu'une partie des plans de la création, et de l'ensemble des destinées humaines, ainsi que de l'ensemble de chaque destinée humaine, en particulier. Les abus de la liberté, lorsqu'ils nuisent aux autres, sont des épreuves pour les autres, comme ceux de tous sont des épreuves pour chacun.

L'espéce humaine tend à un but unique, à un principe unique. Tous les hommes y concourent comme individus, et tous les peuples comme réunions sympathiques d'individus. Les sentiments individuels et les sentiments collectifs sont nécessaires à l'harmonie universelle. Qui connaîtrait le but et le principe connaîtrait la raison de l'histoire. Ce qu'il y a de manifeste, c'est le développement, l'évolution. Le tableau des destinées humaines serait donc le tableau du plan général de la Providence marchant à l'accomplissement de ses desseins sur nous. Ocellus appelait le monde : La cité des Dieux.

Au reste, il suffit d'admettre qu'en sortant de cette vie, nous n'entrons pas dans un état définitif. Toute créature doit parvenir à sa fin, et tant qu'une destinée humaine a quelque chose à accomplir, c'est-à-dire un progrès à faire, rien n'est fini pour elle. Or, pour elle, l'accomplissement, c'est la perfection, comme pour tous les ouvrages du créateur; car, dès le commencement, Dieu a trouvé que ses ouvrages étaient bons, parcequ'en effet chacun contient en soi la cause et le moyen de son développement. Seulement, c'est à l'homme, en raison de sa liberté, à parvenir à la perfection; car, encore une fois, il faut que l'intelligence mérite. Voilà ce qui rend impossible que tout finisse avec cette vie; voilà ce qui rend impossible aussi que, sitôt après cette vie, il ne se trouve pas un autre état de liberté où l'homme puisse continuer de graviter vers sa perfection relative jusqu'à ce qu'il y soit parvenu. D'un autre côté, il doit venir un temps où chaque destinée n'aura plus à subir l'influence et le froissement des autres destinées. Ce sera le temps de l'indépendance et de l'individualité, chose que nous ne pouvons pas trop concevoir à cause des liens d'affection qui doivent toujours subsister; le sentiment de cette indépendance et de cette individualité est cependant, pour plusieurs, la pensée secrète et dominante qui nous agite en ce moment, mais elle ne se réalisera jamais dans ce monde. Pour y échapper, refugions-nous dans la sphère religieuse. En revenant, ailleurs, sur ce caractère d'affranchissement absolu, qui serait une véritable dissolution sociale, et que je crois plus apparent que réel, nous trouverons peut-être que les lois de la sympathie et de la solidarité ne seront abrogées ni dans ce monde perfectionné, ni dans l'autre. Les lois fondamentales sont successives, et susceptibles, comme toutes les autres, d'arriver graduellement à la perfection, à mesure que les êtres auxquels elles s'appliquent arrivent eux-mêmes à la perfection. Ces lois qui ont servi à l'éducation du genre humain, à son avancement, subsisteront toujours. Le christianisme est la

grande expression de ces lois, pour tous les mondes où l'homme doit pénétrer.

La plus forte existence qui ait paru sur cette terre, depuis les temps primitifs, est incontestablement celle de Bonaparte. Chez lui l'intelligence fut portée à son plus haut développement. Le sentiment moral était resté en arrière, non relativement peut-être aux autres hommes, mais, sans aucun doute, relativement à lui-même. Serait-ce un des inconvénients d'une intelligence tellement puissante et tellement concentrique? S'il eût été placé dans un milieu où il eût moins dominé, où il eût été moins centre d'activité, il est vraisemblable que son sentiment moral se fût développé en raison du développement de son intelligence, ce qui eût été une des plus belles harmonies de ce monde. L'existence où il est entré, depuis sa mort, et qui a si bien été préparée par sa chute éclatante, par son exil tout semblable au supplice long et douloureux infligé à un redoutable Titan, cette existence nouvelle est peut-être une épreuve destinée à mettre de niveau son intelligence et son sentiment moral, et cette épreuve commença sur le rocher de Sainte-Hélène. Si cela est ainsi, c'est déja un être bien grand devant le Créateur de tous les êtres.

Soyons-en convaincus, nul homme n'emploie toutes les facultés qui sont en lui; nul homme ne peut les employer toutes; elles ne sont pas perdues pour cela, puisqu'elles sont. La seule limite du temps est un obstacle pour l'emploi de toutes les facultés d'un homme qui en a beaucoup. La limite de ses organes est un autre obstacle invincible. Les facultés non employées se développent solitairement; elles ne s'anéantissent point, elles survivent aussi bien que la pensée qui n'a pu être réalisée dans le temps. Le temps est étranger à la pensée; il n'en est point une condition nécessaire. Nous arriverons dans la vie suivante, avec nos richesses et nos pauvretés. Nous serons ce que nous nous serons faits. Nous aurons choisi notre nouveau point de départ. Peu à peu les limites qui nous sont opposées, contre lesquelles nous sommes tenus de lutter, s'éloigneront, et finiront par disparaître.

Raisonnons encore par analogie.

Changez la stature de l'homme, il faudrait changer les lois par lesquelles l'homme gouverne la nature, par lesquelles il la modifie à son usage, par lesquelles il en dompte les résistances. Qui sait, par exemple, les rapports qu'il y a entre les lois du levier et le pouvoir physique actuel de l'homme?

Nous sentons, en toutes choses, des limites, et ces limites sont incontestablement dues à de certaines proportions entre les facultés de l'homme et les objets sur lesquels il exerce ses sens. Ces proportions ont une haute raison dans la sagesse suprême dont nous ignorons le but et les moyens.

Voyez la voûte du ciel et l'immensité des mers : tout est restreint par la ligne du rayon visuel ; le fini est toujours près de nous. Mais notre intelligence va bien au-delà ; elle nous enseigne à faire l'éducation de nos sens, et à en rectifier continuellement le témoignage.

Hercule posant les limites de la terre habitée, c'est l'homme dans la proportion de ses organes avec la planète qui est son domaine, qui est livrée à ses travaux et à ses investigations, et qu'il peut parcourir en entier, durant sa vie mortelle.

L'homme, au sortir de cette vie et de cette planète, sera pourvu de facultés plus étendues, se trouvera placé dans un autre milieu, et verra changer les proportions de ses nouveaux organes avec les objets nouveaux qui se manifesteront à lui, qui seront l'occasion de ses pensées.

Il y a peut-être, dans ce monde, des esprits qui ont déjà, si l'on peut parler ainsi, un pied dans le monde futur. Cela ferait comprendre l'ascension progressive des êtres intelligents, d'une sphère dans une sphère plus élevée.

Les hommes, en passant d'une vie à l'autre, conservent leur individualité.

Les peuples et les races, parmi tous les chan-

gements auxquels ils sont soumis, conservent aussi
leur individualité; enfin le genre humain lui-
même conserve son immense individualité.

Chaque être intelligent est destiné à s'élever
graduellement; le terme de cette ascension progressive nous est inconnu. Si nous savions ce
qu'est l'essence humaine, nous connaîtrions ce
terme; ce qui, au reste, impliquerait contradiction, car nous serions autres, ou plutôt nous serions à présent ce que nous devons être un jour.

L'homme, dès cette vie, est un être palingénésique. Il n'est jamais complet et fixe. Fétus, enfant, jeune homme, homme mûr, et vieillard, il
est toujours coulant et divers, comme disent les
philosophes. C'est l'homme universel qui est, qui
porte en lui la ressemblance du créateur.

Le monde est une création palingénésique et
continue, dans tous les degrés de l'organisation.
Nous avons vu que l'homme était une image de
cette création palingénésique; mais, ajoutons ici
qu'il est tenu d'y coopérer par ses propres efforts,
par des actes libres de sa volonté.

Il y a des hommes, et en plus grand nombre
qu'on ne croit, qui n'ont pas le sentiment de l'immortalité : il est certain qu'on ne peut être immortel qu'avec ce sentiment, c'est-à-dire avec la foi.
Les hommes donc qui en sont privés, ceux en
qui l'intuition et l'autorité générale du genre hu-

main n'auront pas suffi, ou, pour parler plus exactement, ceux qui, pour fonder en eux une croyance assurée, exigent des conditions au-dessus de nos facultés actuelles, ne peuvent manquer de parvenir un jour au sentiment de l'immortalité, attribut nécessaire de l'être intelligent qui ne doit pas finir. Peut-être ceux-là ne sont-ils dans ce monde que pour éprouver la foi des autres; et, plus tard, eux-mêmes auront la foi.

La chrysalide, qui fut une chenille rampante, devient l'éclatant papillon qui se joue avec tant de grace dans le vague des airs, qui se repose à peine sur le calice embaumé des fleurs; et cette métamorphose si merveilleuse, mais toute organique, s'opère en elle, sans qu'elle ait besoin d'y concourir. Il n'en est point ainsi de la chrysalide humaine: il faut qu'elle se donne à elle-même les ailes brillantes sur lesquelles elle doit s'élever de région en région, jusqu'au séjour de l'immutabilité et de la gloire éternelle.

Il me resterait encore beaucoup de choses à expliquer, ou plutôt à faire pressentir, relativement à la direction des affaires humaines, dont nous parlions tout-à-l'heure, et manifestant alternativement ou simultanément la volonté conditionnelle, contingente, secondaire de l'homme, et la volonté inconditionnelle, nécessaire, suprême de Dieu; mais alors je sortirais des bornes de cet écrit; et peut-être aussi serais-je trop aventureux dans un pareil sujet, si toutefois je ne l'ai pas beaucoup été jusqu'à présent, quoique au besoin je pusse appeler en témoignage quelques uns des premiers Pères de l'Église. Je suis donc forcé de m'arrêter.

Qu'on me permette cependant quelques mots sur les sibylles, à l'occasion de celle que j'ai placée en Samothrace; et ce peu de mots suffiront pour solliciter de graves méditations sur un sujet si profondément mystérieux.

Les sibylles sont des êtres fort extraordinaires, dont l'existence merveilleuse n'est point contestée. Dans les collèges de druidesses, chez les nations celtiques, il y avait des prophétesses qui excitaient la confiance et l'enthousiasme des peuples : elles étaient de la même nature que les sibylles.

Notre Jeanne d'Arc, dont l'existence est également merveilleuse et également incontestable, peut nous aider à pénétrer de tels phénomènes, non pour chercher à les expliquer, mais pour les constater.

Un sentiment intime, profond, puissant, s'agite dans un pays : ce sentiment se concentre dans une personne en qui réside une grande force d'assimilation; il s'identifie avec elle, il devient son moi, comme je l'ai dit. Remarquez que c'est presque toujours dans une femme que cette sorte d'i-

dentification est produite : la physiologie pourrait
en dire la raison ; c'est par une faculté éminemment passive, semblable à la touche d'un clavier,
que la Providence se met en contact avec la nature humaine, lorsqu'elle a résolu d'agir directement sur nos destinées.

La France était envahie par les étrangers. Le
sentiment de la délivrance faisait frémir tous les
cœurs généreux. Élevé à sa plus haute puissance
d'exaltation par une foi vive en la religion du pays,
ce sentiment de la délivrance devint l'ame et la vie
de la magnanime Jeanne d'Arc. Elle fut à-la-fois
une sibylle et un héros. Son interrogatoire, véritable monument de poésie et d'histoire, nous la
montre complétement exempte de superstition,
et pure comme un ange du ciel. Elle crut en sa
mission, et elle eut raison d'y croire.

Elle savait, comme on sait les choses que l'on
veut de toutes les forces de son être, comme on
sait encore celles qu'une intuition extatique fait
connaître, elle savait que le beau royaume de
France était un royaume destiné à être indépendant, et à gouverner le monde. Toutes les fois,
en effet, que la France manque à cette destinée,
c'est, sous certains rapports, une perturbation de
l'ordre général. La Providence n'a pas toujours en
réserve une Jeanne d'Arc pour venir au secours
d'un Charles VII.

A-t-il fallu l'occupation de 1815, par toutes les armées de l'Europe, pour nous faire connaître Jeanne d'Arc? Un peuple sent le besoin de l'unité territoriale, de l'unité de langue, de l'unité de traditions. Ce besoin, lorsqu'il est contrarié avec violence, se réfugie d'esprit en esprit, et finit par trouver un asile dans une organisation de sibylle. L'unité morale qui fait que tel peuple a son moi, son génie, cherche toujours à s'exprimer par l'étendue dans plusieurs, ou par l'intensité dans un seul individu.

Le sentiment des destinées humaines produisit les sibylles des nations grecques et des nations latines, la Voluspa des nations celtiques.

Je comprends ces sortes de faits lorsqu'ils sont des faits providentiels, c'est-à-dire lorsque l'identification a lieu pour une pensée générale, pour un sentiment général. Ainsi, par exemple, je conçois la sibylle de Delphes guidant le conseil des amphictyons; celle de Cumes rendant des oracles pour les destinées générales des nations latines; la druidesse gauloise, puissante dans les conseils et dans les armées.

Il est donc fortement à présumer que, dans l'origine, ces êtres providentiels ne s'expliquaient que sur des faits providentiels, c'est-à-dire sur des faits généraux; que ce fut une dégénération de ces sortes d'oracles, lorsqu'ils s'expliquèrent sur

des faits particuliers, sur des destinées individuelles. Dans les destinées individuelles, il est
bien entendu que je ne fais point entrer les destinées d'u. législateur. Solon, Lycurgue, Numa
étaient des hommes généraux, et non des hommes
individuels.

Au reste, en parlant de tels objets, si mes expressions annoncent quelquefois une sorte de certitude reposant sur une connaissance intime, il
ne faut pas trop les prendre dans un sens purement littéral; et sur-tout il ne faut pas les séparer
de cette pensée dont la représentation est si difficile, cette pensée féconde et instinctive qui présida, selon ce qui a été dit, à la naissance des premières institutions, qui forma, comme autant de
ruches toutes les cités antiques.

Les oracles ne furent point fondés par la fraude,
rien ne se fonde ainsi; ils purent se perpétuer par
elle: c'est dans ce point de vue qu'il faudrait lire les
différents traités de Plutarque sur les oracles. Sa
crédulité nous instruirait beaucoup plus, à cet
égard, que les doutes ou l'incrédulité des diverses
sectes académiques, épicuriennes ou stoïciennes.

Dans les temps d'affaiblissement des croyances
particulières et transformées, il y a des esprits très
élevés qui résistent à l'incrédulité, et qui cherchent un appui dans les croyances générales et
primitives. La tendance des stoïciens devant être

de résister aux envahissements de l'épicuréïsme, il ne serait point impossible de trouver, en eux, la croyance aux oracles.

Les voix des traditions primitives se font entendre de nouveau, dans les époques palingénésiques.

Il y a une telle puissance dans la foi, que ce qu'elle affirme être est. Une assertion aussi peu limitée ne saurait, non plus que les expressions dont je me servais tout-à-l'heure, être entendue dans un sens purement littéral; il ne faut donc pas l'isoler de ce que j'ai dit en plusieurs endroits; elle serait même une haute absurdité, si l'on n'y joignait comme une identification de la pensée humaine avec la pensée divine. L'historien qui vient après les âges de la foi ne doit point négliger d'en raconter les miracles.

L'incrédulité dissout tout, en niant tout. On veut choisir dans les témoignages et dans les traditions; et tous les témoignages sont infirmés, toutes les traditions sont ébranlées.

Sitôt que la foi des peuples eut abandonné la pythonisse de Delphes, elle ne put plus que philippiser, selon l'expression de Démosthènes. Une institution qui se perpétue au-delà de sa mission ne peut plus que faire du mal. Le sens prophétique et le sentiment patriotique étaient identiques dans cette femme qu'une loi des choses avait placée à la tête des destinées des nations grecques. La pythonisse, en cessant d'avoir le sens prophétique, devait cesser d'avoir le sentiment patriotique.

La sibylle de Samothrace est une sibylle d'un genre particulier; je crois avoir été, dans cette invention, très fidèle aux lois de l'analogie, lois que j'ai si souvent besoin d'invoquer. Cette sibylle est celle d'un ordre de choses qui finit, et dont le sens prophétique n'est plus en sympathie avec les destinées qui commencent. Elle les sent naître, mais elle ne les comprend pas. J'ai pensé qu'Orphée étant imprégné du sentiment de l'avenir, n'avait pas besoin de l'inspiration d'une sibylle des temps nouveaux. A cet âge du monde, sans parler même des prophétes hébreux, des hommes sont souvent représentés comme doués de cette faculté, qui paraît avoir été plus particulièrement attribuée à des femmes. Le personnage d'Eurydice m'était donné; je n'ai pu faire que le rapprocher le plus possible de la nature de la sibylle, sans l'y faire entrer, puisqu'il n'y fut jamais.

Remarquez que Cassandre avait le sentiment de l'avenir; mais comme ce sentiment portait sur des événements de fin, sur des catastrophes de destruction, il ne fut point écouté. Il n'était point cru, parcequ'il s'appliquait à des destinées qui subissaient la mort.

Un Juif, au siége de Jérusalem, joua le rôle de Cassandre.

L'auteur d'une dissertation sur les sibylles, qui aurait de l'indépendance et de l'étendue dans l'esprit, dont l'imagination serait ornée, qui aurait fait les études philologiques nécessaires, et surtout qui aurait un grand éloignement pour tout système de pyrrhonisme ou d'incrédulité, un tel auteur aurait à examiner l'analogie profonde et intime de la femme avec cette faculté passive, pshychologiment et physiologiment sympathique et assimilatrice, qui consiste à s'imprégner soit d'un sentiment général, soit d'une pensée universelle, soit des prévisions de destinées générales ou universelles; mais cette question, de l'ordre le plus mystérieux, ne serait pas la seule qui se présenterait, et même ne serait pas la plus importante. Il aurait à étudier l'histoire, sous ce rapport, et à nous dire si, en considérant la longue vie attribuée aux diverses sibylles, il ne serait pas permis de présumer que le nom de chacune fut celui d'un cycle de civilisation. Il aurait à chercher l'identité de la muse, de la sirène et de la sibylle, selon la base mythologique, héroïque ou historique des récits primitifs. Mais la première de toutes les questions tiendrait à ce qu'il y a de plus obscur dans les voies de la Providence, c'est-à-dire à l'examen de son action quelquefois immédiate sur les destinées humaines, sans toutefois attenter à la liberté de l'être intelligent. Il s'agirait de savoir ce que fut la mission, et j'oserai dire, le ministère du peuple hébreu, relativement aux autres peuples; car il y a des peuples prophètes, des nations symboliques; il s'agirait de savoir quelle fut la raison de l'anathème si rigoureux porté contre les nations Cananéennes, et dont ce peuple fut le terrible exécuteur. La mission et le ministère du peuple romain seraient également à apprécier.

Ceci nous ramènerait aux deux centres de direction, dont j'ai déja dit quelques mots, en parlant de l'Égypte.

Il serait téméraire d'entrer dans de si difficiles discussions; contentons-nous d'affirmer,

Que le genre humain, sans acception de temps et de peuple, respire et ne peut respirer que dans une atmosphère de révélation générale;

Que, dans les temps où cette révélation générale devient insuffisante, il survient des révélations spéciales, selon le besoin; que d'autres organes se manifestent;

Que la Providence a des moyens particuliers, des instruments en réserve, que quelquefois elle s'explique elle-même directement. C'est alors que la pensée divine consent à *informer* la nature humaine, pour la régénérer sans attenter à sa liberté. Le regard ne peut supporter de si éblouissantes merveilles, la parole ne saurait les dire. Arrivé là, il faut se taire, ou s'enfuir sur des ailes de feu.

Nous voici bien loin des sibylles et de toutes les missions, chez les peuples autres que le peuple hébreu. Finissons sur Orphée.

Je ne craindrai pas de le répéter une dernière fois, afin qu'on n'attende pas plus que je n'ai le dessein de promettre; je n'ai point la prétention d'avoir traité le sujet d'Orphée, considéré comme poëte mythographe, ou comme théocrate, ou enfin comme législateur, si toutefois on peut lui donner ce nom.

Je n'ai jamais conçu un si vaste et si noble projet; et même, pour éviter l'embarras que j'ai signalé plus haut, relativement à ce personnage, tant à cause des faits qu'à cause de l'époque, j'avais d'abord inventé une fable, abstraction faite du nom. J'ai ensuite senti que je n'avais pas le pouvoir d'imposer un nom à une tradition, de consacrer un type; et Salluste le philosophe, que j'ai lu depuis, m'a appris que les fables sont divines. J'ai donc demandé à l'antiquité un nom, et je lui ai emprunté une fable pour exprimer ma pensée. C'est ainsi que faisaient les poëtes, dans les temps où les poëtes n'exécutaient pas un ouvrage, mais obéissaient à une inspiration, dans les temps où les poëtes gnomiques, par exemple, n'auraient pu concevoir la pensée de donner des préceptes littéraires, comme ceux d'Horace ou de Boileau, pour ce qu'on appelle la perfection de l'art. L'art, en effet, n'existait pas encore.

J'ai exprimé, par mes personnages, des pensées revêtues quelquefois d'une expression qui n'a pas pu être la leur, j'en conviens; mais ils ont dû avoir ces pensées, ou des pensées analogues, au moins d'une manière confuse. D'ailleurs, pour les écrits d'une haute antiquité, on a souvent senti le besoin d'insérer un commentaire qui court dans le texte, et se confond avec lui; c'est ce qui a été fait pour la Bible. D'ailleurs encore, il ne faut pas craindre de le dire, mes personnages et ma fable sont prophètes, plus ou moins.

Je ne suis point entré dans les détails du culte, car il eût fallu être païen.

Mais si cette composition, comme je l'ai déja dit, n'est pas fondée sur des données scientifiques, quoiqu'elle soit très loin d'y être étrangère, ainsi que je l'ai aussi fait entendre, elle porte sur d'autres données beaucoup moins trompeuses, et surtout bien plus appropriées à notre temps, temps palingénésique où le sentiment intuitif des choses primitives cherche à se réveiller; si donc elle n'est pas l'exposition même imparfaite de traditions locales transformées, et, par conséquent, restreintes dans de certaines limites, elle est, selon qu'il a été également dit plus haut, une expression assez vraie des traditions antiques les plus générales.

J'aurais besoin d'établir ici plusieurs points importants, pour justifier d'avance mes vues sur l'origine et les progrès du monde civil; je préfère toutefois m'en abstenir, parceque je courrais le risque, quant à présent, de ne pouvoir être encore suffisamment compris. Mes notes, plus tard, rempliront cet objet; j'y pourrai plus facilement, et avec plus de confiance, divulguer des idées, signaler des analogies, pour lesquelles alors on sera préparé.

Arrivé là, après tant d'excursions aventureuses, il me sera permis peut-être de montrer tous les faits providentiels généraux partagés en faits cosmogoniques, faits héroïques, faits humains, et formant, par leur succession régulière, une chronologie universelle; de prouver, par d'irrécusables déductions, par d'éclatants témoignages, que l'histoire du genre humain tout entier, comme l'histoire d'un peuple, contient les mêmes genres de faits, toujours ramenés dans le même ordre.

J'indiquerai trois âges de Titans, trois âges de Cyclopes, trois âges d'hommes; et ces différents âges, tous correspondants les uns aux autres, tous analogues entre eux.

J'expliquerai, par des faits historiques, ceux qui sont au-delà de l'histoire, ceux qui furent présentés sous une forme théogonique, tels que les règnes successifs d'Uranus, de Saturne, de Jupiter.

Je parviendrai enfin à faire comprendre le plébéianisme, qui est l'humanité se faisant elle-même : on saura qu'ainsi le plébéianisme est la véritable tige de l'humanité ; et cette dernière conséquence de tout ce que je dois présenter ne peut être qu'un résultat graduellement préparé. Une loi de la Providence divine à l'égard des sociétés humaines sera donc manifestée.

Je dirai aussi, toujours par la force des déductions, ce qu'est, dans une telle hypothèse, le règne de Bacchus, qui devait succéder à celui de Jupiter, règne toujours vainement annoncé, de siècle en siècle, parmi les nations de la gentilité : l'églogue de Virgile où Silène représente un personnage cosmogonique, n'est pas le seul témoignage de cette antique tradition. Bacchus devant détrôner un jour Jupiter, sera, pour nous, le plébéianisme devant détrôner un patriciat qui ne renaîtra plus. C'est donc la pleine émancipation de l'homme, toujours attendue, et jamais arrivée, parceque cette promesse, si long-temps égarée dans le monde, n'avait été conservée dans sa pureté primitive que chez un peuple, et ce peuple, prophète par toutes ses annales, était le dépositaire ignoré des destinées futures du genre humain.

Je ferai sortir nettement de toutes ces choses le

type d'Ulysse, création admirable, si peu appréciée jusqu'à présent, expression vivante d'un sentiment général, qui ne put jamais être inventée par un grand poëte, quelque doué qu'il eût été de la force de sympathie et d'assimilation. Ulysse, c'est l'homme même, c'est-à-dire l'antique plébéien, marchant vers des initiations successives. Les *erreurs* d'Ulysse, pour me servir du mot mythique, ce sont les épreuves par lesquelles le plébéien primitif s'élève à l'héroïsme primitif, en d'autres termes, à l'humanité d'une époque primitive; car, dans la langue sociale d'une telle époque, homme, héros, patricien, sont des noms exclusifs, donnés à ceux qui sont déja pourvus des facultés et des prérogatives humaines, pour les distinguer de ceux qui ne les ont pas encore, ou qui les ont en germe non développé, et ne les ont pas en droit. La fable de l'Odyssée n'est donc qu'un vaste tableau de l'initiation humaine: voilà pourquoi cette antique épopée, qui tient son unité de l'unité même d'une tradition, est, d'après les idées que je viens d'exprimer, un livre analogue à celui des Politiques d'Aristote, l'un dans la sphère poétique et symbolique, l'autre dans la sphère philosophique et positive.

Ainsi, pour me faire mieux comprendre, il est bon que je fasse passer mon lecteur par l'histoire romaine, pour le faire aller du connu à l'inconnu, et afin de pouvoir adopter, en même temps, la forme de l'analyse et celle de la synthèse.

Je ne veux qu'ajouter un mot, et ce mot est une pensée qui doit se reproduire sans cesse : exprimée ou non, elle doit être présente par-tout, se reproduire, en quelque sorte, dans toutes les phrases de la Palingénésie; c'est que le christianisme non seulement est le but auquel doit tendre l'humanité, mais encore que ses mystères, contenus déjà dans toutes les traditions du monde primitif, n'ont jamais cessé d'être l'arome incorruptible dont furent toujours, intimement et dans leur essence propre, imprégnées les traditions secondaires et même les religions successives. C'est ce qui me faisait dire plus haut qu'il fallait être fort réservé dans les accusations d'immoralité ou d'absurdité dont nous sommes portés à flétrir certains cultes anciens.

Le christianisme était donc attendu. Qu'on ne s'offense point si je dis ici, dès à présent, ce qui sera établi par la suite, à savoir, que le plébéianisme, expliqué dans son sens le plus général, étant la tige même de l'humanité, le christianisme est la religion éminemment plébéienne, la vraie religion de l'humanité. Ce n'est pas ce qu'en avait fait le moyen âge vers lequel il serait impossible de nous faire rétrograder. Ainsi donc, par le christianisme, plus de double religion, l'une pour le peuple, et l'autre pour les sages; c'est là le dernier degré de l'émancipation du genre humain. L'institution même des Mystères que toute l'antiquité considéra comme l'élément fondamental de la civilisation, ne fut-elle pas aussi un moyen employé par les anciens patriciats pour retenir la science, ou la connaissance exclusive de la tradition, à mesure que se développaient, dans le plébéianisme, l'intelligence, le sentiment moral, toutes les facultés humaines? Cette conjecture, au reste, sera trop prouvée par cette histoire romaine vers laquelle nous serons si souvent obligés de tourner nos regards, et où nous verrons, en effet, les patriciens faire de continuels efforts pour conserver dans leur sein le dépôt de ce que Varron appelle la théologie civile.

Enfin, j'aurai à établir, dans cet ensemble de doctrines, que les premières législations écrites ont souvent conservé les formes symboliques des législations traditionnelles, ce qui offre la possibilité de pénétrer plus avant; et, à cet égard, nous aurons à tirer de la loi des XII Tables, si fortement empreinte encore d'un droit que l'on pourrait nommer cyclopéen, des inductions qui nous serviront, je l'espère, à mieux entendre l'antiquité: là nous trouverons des formules susceptibles d'être expliquées seulement par le symbole, en remontant à la signification originelle de mots qui furent témoins d'un ordre de choses antérieur.

Au reste, si j'ai fixé chronologiquement la fable de l'Orphée, c'est uniquement à cause du mythe romain, et non à cause du mythe grec, qui devait m'intéresser peu, ne voulant et ne devant admettre que les données les plus générales.

Je renvoie à mes notes ce que je croirai utile d'ajouter sur le personnage même : il suffit bien de savoir que, pour nous, Orphée est un nom donné à une tradition; c'est, comme il a été dit, la raison de ce qui a précédé. Il ne faut donc pas s'étonner de toutes les incertitudes qui existent à son égard. C'est ce qui arrive toujours lorsque la tradition veut devenir de l'histoire.

Je pourrais m'arrêter ici, mais je ne saurais, avant de finir, m'abstenir de dire pourquoi chacun des livres d'Orphée est dédié à une muse. Ce n'est point, comme on pourait le croire, une imitation de ce qui a été fait pour Hérodote : l'enthousiasme renouvela cet usage antérieur à lui; et il le mérita par l'harmonie de son style, et non par la nature du sujet qu'il avait traité. Le mien, au contraire, appartient essentiellement aux Muses; et la forme ou l'exécution n'ont rien à réclamer dans cette distinction qui fut accordée au père de l'histoire, par les peuples de la Grèce. Diodore de Sicile explique les noms des muses d'une manière qui m'autoriserait assez; cette explication est un peu longue, et sur-tout elle est trop peu simple, pour que je la place ici. On y sent, au reste, l'intention de ramener tous les attributs des muses à l'unité. D'ailleurs les étymologies naturelles de chaque nom ne sont point difficiles à trouver.

La plupart des choses que j'ai dites dans ce paragraphe peuvent convenir, ainsi qu'on le verra sans peine, à la *Ville des Expiations*, car toutes les parties de la Palingénésie sociale sont analogues et identiques. Je vais, en quelque sorte, ne faire que continuer mon discours, quoique l'application directe, pour la suite, en soit différente.

L'écrit auquel se rapporte le paragraphe suivant, étant, pour ainsi dire, en dehors de mon épopée cyclique, ce paragraphe serait, pour ainsi dire, épisodique dans les prolégomènes, si l'écrit lui-même n'appartenait pas au système d'idées que j'ai à developper, s'il n'en était pas une confirmation. Il est donc nécessaire que nous nous arrêtions, quelques instants, sur la *Formule générale de l'histoire de tous les peuples, appliquée à l'histoire du peuple romain.*

SUITE DE LA DEUXIÈME PARTIE.

§ II.

Prolégomènes de la formule générale.

Si, pour l'Orphée, j'ai pu m'élever, en quelque manière, au-dessus des données scientifiques, et prendre ensuite, sans la discuter, la fable virgilienne, je dois, au contraire, dans mes considérations sur l'histoire romaine, chercher l'appui d'une base scientifique, incontestable, et rectifier ainsi, par l'histoire devenue positive, la fable historique de Virgile, que j'avais dû adopter comme convenue. Tite-Live et Denys d'Halicarnasse, à leur tour, seront également rectifiés, lorsque je les surprendrai, méconnaissant les temps, et voulant faire de l'histoire avec de la mythologie, parcequ'ils ignoraient que la mythologie est l'histoire même, mais l'histoire d'une époque primitive. J'aurai donc à montrer sans cesse comment s'opère, dans les réalités intellectuelles, la transformation du fait mythique en fait historique, et du fait historique en fait mythique; car tout est fortement tissu dans la trame des destinées générales du genre humain; et voilà ce qui explique pourquoi le premier germe de l'histoire romaine s'est trouvé tout naturellement dans la poésie d'Orphée.

J'ai fait connaître ce que je pense sur le génie de Virgile, sur le genre d'inspiration qui lui fut départi ; j'aurais beaucoup de choses à ajouter, qui se trouveront ailleurs. Qu'il me suffise, quant à présent, de répéter que ce grand poëte fut l'historien de la cité, comme Tite-Live fut l'historien de la ville ; seulement ils sont venus l'un et l'autre bien tard recueillir pour la première fois des traditions. Aussi Virgile ne parle-t-il que d'un léger souffle de renommée ; et c'est en son nom qu'il chante.

Le résumé d'histoire romaine qui me sert de formule générale, se compose d'une série de faits à peine aperçus dans les histoires écrites par les auteurs latins eux-mêmes, et par les auteurs grecs qui ont consacré leur vie à cette étude, parceque trop livrés au soin de débrouiller d'anciennes traditions ou d'obscures annales pour y chercher des événements quelquefois épars et sans liaison, plus ou moins exactement consignés, en composer une suite, un ensemble, et leur donner de la vraisemblance, ils se sont peu occupés de la raison profonde, intime, mystérieuse, qui a dirigé les événements eux-mêmes, qui les a développés, qui les a fait naître les uns des autres ; et pourtant ces événements ont toujours marché avec un ordre invariable, avec une régularité constante, comme dirigés par une intelligence unique, cette haute intelligence qui accomplit un plan, qui réalise un dessein, qui, dès le commencement d'une chose, en sait parfaitement la fin. Dans les données de la Providence, il n'y a point d'effet sans cause; les affaires humaines sont contingentes, mais elles ne sont ni fatales ni fortuites.

Nos publicistes français, de même que les écrivains nombreux qui ont embrassé l'histoire romaine tout entière, ou qui en ont traité les différentes parties séparées, non plus que les antiquaires, n'ont aperçu, ni les uns ni les autres, la série des faits, tous dépendants d'un fait primitif, et que je me propose de signaler; il était tout simple qu'ils fussent égarés par l'inadvertance des historiens anciens, par leurs passions, par leurs préjugés, par des sentiments de nationalité ou d'esprit de parti, par la confusion des idées. Mais cette série de faits, dont j'avais eu la conviction bien avant d'en avoir eu la certitude, avait été fortement pressentie par plusieurs jurisconsultes napolitains du siècle dernier : leurs ouvrages, que j'ai connus depuis, ont pleinement confirmé toutes mes conjectures; j'y étais parvenu par la force des analogies, par la liaison et l'ensemble de mon système sur les origines sociales, et il m'a été permis d'aller ensuite beaucoup plus loin. Je me bornerai à citer Vico, parcequ'il est le premier, parceque son nom, qui vient à peine de ressusciter en Italie, est déja répandu en Allemagne, et commence à se répandre chez nous; Vico, l'un des esprits les plus pénétrants qui aient jamais existé, l'honneur, dans nos temps modernes, de cette école italique, dont l'origine se confond avec l'origine de la poésie, et dont les traditions peut-être n'ont jamais été complétement abolies dans les lieux qui la virent naître. Si je devais exposer la doctrine de Vico, ainsi que j'en avais eu le projet avant d'avoir su que plusieurs personnes s'occupaient de cet utile travail, si je devais, dis-je, exposer la doctrine de Vico, comme ses excursions dans le passé souvent sont assez aventureuses, j'aurais besoin d'expliquer sa philosophie, et quelquefois même de la réfuter. Je ne suis point étonné, en effet, que Boulanger ait pu être regardé, à Naples, comme un plagiaire des idées fondamentales qui y sont contenues. Toutefois il y a cette différence infinie entre l'*Antiquité dévoilée* et la *Science nouvelle*, que le premier de ces livres présente le tableau des destinées humaines sous l'aspect le plus triste et le plus douloureux, au lieu que l'autre est plein de cette pensée consolante qui explique tout, celle d'une Providence toujours vigilante, toujours protectrice, s'expliquant par la loi inviolable du développement et du progrès.

J'ai déja eu occasion de parler de Boulanger, qui, à mon avis, a été jugé trop rigoureusement, sous le rapport religieux. Pour Vico, non seulement il est irréprochable, mais même il est resté dans les limites de la plus sévère orthodoxie; ce qui n'a pas empêché, cependant, qu'il n'ait été vivement attaqué, en dernier lieu, dans sa propre patrie. Il a voulu à-la-fois réfuter Hobbes et Grotius, contre-balancer l'ascendant de ces deux grands hommes sur son temps, et appliquer à l'étude de l'antiquité l'instrument que Bâcon avait inventé pour remuer toutes les sciences. Cet instrument est devenu, dans ses mains, une sorte de sonde géologique qu'il a enfoncée puissamment dans les entrailles de l'histoire; sans doute elle amène quelquefois sur la surface du sol des matériaux hasardés; mais elle peut servir à tirer de précieux débris de l'ancien monde civil. Je viens de donner à entendre que j'aurais souvent à contredire la philosophie de Vico. D'abord je ne pars point, comme lui, d'un abrutissement général de la race humaine dans la dispersion qui a suivi le déluge; ensuite, par la même raison, je n'admets point les efforts tout-à-fait spontanés et isolés les uns des autres, produisant par-tout les diverses civilisations de la gentilité. Je crois que jamais et nulle part le genre humain n'a été, d'une manière si absolue, privé de toute connaissance ou de tout sentiment des traditions primitives. Au reste, dans mes notes, je m'expliquerai plus en détail sur cet objet important. J'aurai sans doute alors à faire comparaître, à-la-fois, devant le génie de l'humanité, Vico, Herder, le comte de Maistre, et l'abbé de La Mennais.

Quoi qu'il en soit, il faut regretter amèrement que les jurisconsultes et les publicistes dont je parlais tout-à-l'heure aient été ou négligés ou ignorés dans le siècle dernier; ils auraient fait une heureuse révolution qui aurait pu peut-être prévenir le terrible orage de 89. Les véritables bases du pacte social auraient été respectées, et nous n'aurions pas à déplorer de si funestes catastrophes. Rousseau n'aurait pas produit ses brillantes absurdités sur l'état primitif de l'homme, et aurait employé ce qu'il y a de si éminemment religieux dans son admirable talent à fonder une philosophie politique conforme à ses propres inspirations. Montesquieu passe, à Naples, pour avoir vu et connu Vico, pour avoir profité de ses entretiens. C'est, à mon avis, une erreur bien facile à démontrer. On ne trouve ni dans l'Esprit des Lois, ni dans les Considérations sur les Romains, aucune trace des idées du philosophe napolitain, de ces idées qui, prises à leur source la plus profonde, sont antipathiques à toutes celles du dix-huitième siècle. Et qu'il me soit permis de dire que ce fut un malheur pour Montesquieu aussi bien que pour nous. Si j'ose parler ainsi, ce n'est point pour atténuer les services que ce noble publiciste a rendus à l'impérissable cause du genre humain, dont il n'a pas retrouvé, comme on l'a dit, les titres, mais, du moins, à qui il a appris que ces titres existaient: celui-là évidemment a été emprisonné dans son temps; c'était un aigle fait pour planer sur les hauteurs de ce monde. Voltaire enfin, en qui je me plais à reconnaître un amour ardent des hommes, Voltaire, si quelque lumière de ce genre lui fût parvenue, ne se serait pas cru obligé, pour établir le règne de l'humanité, d'ébranler toutes les croyances religieuses de tous les lieux et de tous les temps. Il aurait su que l'homme n'a de développements possibles que dans la société, et par la société, et que la société est une œuvre religieuse.

Puisse l'esprit de recherche et d'investigation pénétrer de nouveau l'Italie! on y trouvera des merveilles inconnues. Les monuments de la nature et les monuments de ce peuple, qui eut de si grandes destinées, offrent une mine également inépuisable à exploiter; car, ainsi que nous l'avons remarqué, la science doit refaire la doctrine; la géologie et l'archéologie doivent se prêter un mutuel appui. Que des hommes tels que les Vico, les deux Schlegel, les Cuvier, marchent à la découverte sur cette terre antique qui a été si profondément labourée par la charrue des volcans,

et par celle des révolutions. Il y a là des monuments cyclopéens de plus d'un genre. Il est certain
que les érudits allemands si patients, si laborieux,
si infatigables, manquent des ressources qui abon-
dent en Italie. D'ailleurs, les Italiens ne sont
point, comme on pourrait le croire, déshérités
des hautes facultés qui les distinguèrent à toutes
les époques. Une sève abondante, féconde et
généreuse circule encore dans les veines de ce
géant qui ne dort point, quoi qu'on en dise, sous
le poids des montagnes dont on l'accable depuis
plusieurs siècles. Qu'il y ait quelque part, dans
cette contrée historique et poétique, à Rome, par
exemple, ou plutôt à Naples, un centre d'érudition analogue à celui de Calcutta, et nous verrons
tout un monde sortir de ses ruines; ce sera comme
une vraie apparition de l'antiquité.

Mais revenons à l'histoire romaine.

Le principe quelconque qui fonda Rome était
trop violent pour ne pas devenir, de suite, excen-
trique. Montesquieu remarque très bien que la
puissance romaine était insuffisante, et son terri-
toire trop borné relativement à la force de ses
institutions primitives. Une réflexion si juste,
qu'il fait au sujet du règne de Numa, aurait dû
le conduire à chercher hors de Rome, et antérieurement à Romulus, le principe des institutions romaines; et sur-tout il aurait dû dessiner

le tableau de la lutte antique du plébéianisme et
du patriciat, qui, nulle part, ne s'est montrée avec
plus d'énergie et de persévérance, lutte, si souvent pénible, qui est celle même de l'humanité
marchant vers son émancipation, et qui, ainsi que
nous l'avons vu, au sujet d'Ulysse, le plébéien
primitif, est la grande loi de l'initiation universelle. Ce qu'il n'a pas fait, je tâcherai de le faire,
et de prouver ainsi cette loi générale de la Providence sur les sociétés humaines.

Polybe dit, au sujet de la république romaine : « Il n'y en a point qui se soit plus établie
et plus augmentée selon les lois de la nature, et
qui doive plus, selon les mêmes lois, prendre une
autre forme. »

L'extrême bon sens de Polybe lui avait fait
apercevoir cet ordre et cette régularité que nous
signalions tout-à-l'heure dans la suite des événements, et lui faisait pressentir qu'un tel ordre,
une telle régularité devaient être le résultat des
lois invariables de la nature. Mais il n'était point
parvenu à cette loi unique de l'initiation par la
Providence, loi dans laquelle se trouve l'accord
de la prescience divine et de la liberté de l'homme,
dont nous chercherons par-tout l'ineffaçable empreinte, et que le christianisme pouvait seul révéler.

En faisant le résumé des séditions romaines,

voici la marche et le caractère que Florus leur assigne. Les plébéiens voulaient conquérir *nunc libertatem, nunc pudicitiam, tum natalium dignitatem, honorum decora et insignia. Libertatem* ne peut s'entendre ici que d'une liberté personnelle, une faculté limitée, il est vrai, mais enfin une faculté quelconque de disposer de soi; toute prétention à la liberté civile et politique ne pouvait se manifester qu'après l'établissement certain du mariage légal, si bien exprimé par le mot *pudicitiam.*

Voici ensuite comment le même Florus explique le cens fondé par Servius Tullius: *Actus à Servio census quid efficit nisi ut ipsa se noscet respublica?*

Toute l'histoire civile de Rome est, en quelque sorte, contenue dans ces deux passages.

Il est à remarquer que l'expression employée par Florus, pour caractériser le cens établi par Servius Tullius, est la même que celle dont se servit l'Oracle de Delphes dans cette maxime célèbre: *Nosce te ipsum.*

L'antique énigme du sphinx est, sous ce rapport, le mythe primitif des races royales.

La connaissance de soi-même est une condition imposée à l'homme individuel, à l'homme marqué pour représenter un état de la société, enfin à la société qui a aussi sa vie propre, qui a enfin ses destinées à accomplir.

Je ne chercherai point à concilier les écrivains entre eux, lorsqu'ils ne sont pas d'accord; cela est peu important pour l'objet que je me propose. D'ailleurs, on le sait, les histoires ont toutes été écrites dans un temps où il a été facile de se méprendre, dans un temps où un cours de choses tout-à-fait différent détournait la pensée de ce qui fut dans l'origine, dans un temps enfin où les mots qui désignent les choses avaient graduellement, par des modifications successives et insensibles, changé d'acception. Et sur-tout, les historiens, toujours soigneux de leur gloire littéraire, fort occupés de faire briller leurs talents oratoires, ont beaucoup songé à se faire admirer de leurs contemporains.

Les harangues dont ceux d'un âge littéraire ancien ont orné l'histoire se sentent plus ou moins des habitudes du Forum, elles sont faites pour donner plus de mouvement à la composition, et elles sont un moyen de faire connaître les motifs qui ont dû diriger les hommes; mais il faut les étudier avec sévérité pour y distinguer ce qui caractérise réellement les temps et les circonstances où elles sont censées avoir été prononcées d'avec les imaginations ou les présomptions, ou même les préoccupations de l'habile écrivain.

Toutes les fois que les historiens s'emparent de paroles consacrées par les traditions, ou consignées dans des actes publics, ils sont vrais, et cela est facile à connaître. J'oserais affirmer que Tite-Live sur-tout a quelquefois employé des formules dont il ne connaissait pas toute la portée, et je ne serais pas embarrassé de le prouver. Souvent c'est dans une circonstance inopinée d'un temps postérieur que se trouve la manifestation ou l'explication d'un fait antérieur, entièrement dénaturé dans le récit, quelquefois même d'un fait primitif dont l'effet se prolonge, d'un usage qui s'est conservé dans sa forme extérieure, et dont le sens intime a péri.

Les premières histoires, depuis Hérodote, ont été faites pour amuser plutôt que pour instruire. En un mot, elles ont été conçues comme compositions littéraires, et non comme compositions philosophiques. Denys d'Halicarnasse le dit positivement, et Quintilien en fait un précepte formel. L'épopée ancienne n'était plus alors considérée que comme un tissu de fables inventées; la langue des mythes, discréditée et méconnue, n'était plus l'expression forte de cette poésie primitive où résidait la vérité des traditions. On était donc tenu d'arranger les faits pour leur donner ce qu'on croyait de la vraisemblance : on abaissait la poésie, au lieu d'élever l'histoire au niveau même de la poésie. Les histoires anciennes sont donc à refaire *à priori.* La tâche consiste à démêler le fait gé-

néral, et à le séparer du fait particulier, c'est-à-
dire de sa personnification. L'histoire moderne
doit se refaire aussi, mais sur un patron différent.
Ce travail vers lequel j'eusse voulu diriger les esprits, il y a quelques années, s'accomplit par-tout
en ce moment. La nouvelle ère historique, que j'a-
vais prévue, est commencée. Sismonde-Sismondi,
Micali, Niebhur, Hallam, déja ont ouvert la voie.
Walter-Scott a montré ce que pourrait être l'union
du génie épique avec le génie historique. Parmi
nous, plusieurs écrivains d'une grande distinction
se sont enfoncés ou dans les ténèbres du moyen
âge, ou même ont tenté de faire entrer l'histoire
contemporaine dans ce mouvement général. L'é-
tude de la jurisprudence, éclairée par quelques
découvertes récentes, vient de s'élancer dans la
même carrière. Gibbon, au reste, avait déja compris que la connaissance d'une législation est un
des flambeaux d'une histoire; et Montesquieu sur-
tout avait montré ce que peut le génie historique
appliqué aux investigations des lois. Je ne veux
pas me contenter d'applaudir à de tels efforts, et
j'essaierai de prouver qu'il est possible de sur-
prendre l'histoire à sa source. C'est là que réside
encore toute une poésie, toute une philosophie;
c'est là qu'habite encore la Muse aux grandes et
éternelles inspirations.

Je parlais des monuments de la jurisprudence

primitive; n'oublions pas le génie de la langue:
le génie d'une langue, ai-je dit, est identique avec
le génie du peuple qui la parle. Il est des expressions qu'il faut analyser, qu'il faut éclairer dans
leurs significations respectives, puisqu'elles portent l'empreinte ineffaçable des mœurs et des institutions. Souvent un mot est un témoin qu'il
faut interroger scrupuleusement, parcequ'il a
assisté à plusieurs révolutions, et qu'il en sait le
secret: ce témoin est d'autant plus précieux qu'il
est naïf comme un enfant, impartial comme un
vénérable juge, impassible comme une loi que
les hommes n'ont pas faite. Je l'ai souvent dit, les
annales des peuples sont dans leurs langues, comme les archives du genre humain sont dans les
monuments des langues qui ont successivement
régné. Une philologie fondée sur de bons éléments jetterait donc une vive lumière sur toute
l'histoire. Les formules qui survivent à des lois
abrogées ou tombées en désuétude contiennent
un grand nombre de ces mots que j'ai appelés
mots-témoins.

N'oublions pas sur-tout les poëtes qui souvent
sont des interprètes si précieux des mœurs et des
lois. Les poëtes comiques, entre autres, contiennent
des expressions proverbiales qui, avant d'être dans
la langue populaire, appartinrent à la langue héroïque précédente, ou peut-être même encore à

une langue religieuse, reculée dans le troisième
âge antérieur. C'est ainsi que les géologues recon-
struisent l'ancien monde terrestre. Nous sommes de
même obligés de reconstruire l'ancien monde civil
avec des débris. Je ne saurais donc éviter de faire
à présent ce que j'avais pu refuser de faire pour
l'Orphée : il est devenu indispensable d'étudier les
monuments pour signaler, dans l'histoire romaine, les faits primitifs, analogues aux faits primitifs de toutes les autres histoires.

Ici, il faut bien noter un aveu de Tite-Live. Cet
historien ne craint pas de dire qu'il ne raconte
avec quelque certitude que les événements qui
ont suivi la seconde guerre punique : auparavant,
tout est indécis., et sujet à discussion. Thucydide
ne fait remonter la certitude historique qu'à l'âge
qui a précédé la guerre du Péloponèse. L'aveu
de Tite-Live, je n'hésite pas à en faire l'aveu de
tous les autres historiens de Rome. Je n'entends
point, par-là, introduire le pyrrhonisme dans
l'histoire; j'espère, au contraire, en faire jaillir
la véritable certitude, la certitude qui doit reposer sur les faits généraux au lieu d'emprunter
l'appui vacillant des faits particuliers, toujours
susceptibles, plus ou moins, d'être discutés. Je
dépouillerai donc le fait général de la forme qu'il
a reçue, et je chercherai à le faire se manifester
lui-même dans toute sa netteté philosophique.

Varron, le plus savant des Romains, est le créateur de la science philologique; et la perte de ses ouvrages est une perte irréparable. Il avait voulu écrire l'histoire du peuple romain comme on fait l'histoire d'un homme. J'ose dire qu'à présent une telle histoire est plus facile qu'au temps même de Varron. Elle est plus facile sur-tout pour nous qui avons assisté à toute la révolution française, parceque cette révolution, si fertile en enseignements de tous genres, est un cours complet en action. C'est l'histoire de plusieurs siècles, c'est l'histoire de tout un empire, c'est même l'histoire du genre humain jusqu'à nos jours, avec ses phases les plus diverses; et cette histoire est resserrée dans l'espace de quelques années. On en sera bien convaincu.

Il est une autre perte que nous devons déplorer. Claude, qui fut un si méchant empereur, et, à ce qu'il paraît, un écrivain de mérite, avait composé une histoire de la vieille Étrurie. Pour faire sentir l'importance des traditions étrusques, relativement à la chose romaine, il suffit de se rappeler quelle fut leur puissance et leur durée. Les jeunes sénateurs, on le sait, allèrent constamment les étudier dans les collèges de cette confédération mystérieuse; et, pour vaincre Alaric, on envoya encore, de Rome, chercher les devins de l'Étrurie. Sans doute, l'Étrurie religieuse fut à la péninsule

italique ce que fut l'Égypte pour le monde de la
gentilité.

Explique-t-on comment, dans des temps très
postérieurs, on peut mieux fonder la certitude
que dans les temps plus rapprochés? c'est qu'on
a plus de notions philologiques, et que la critique s'est plus éclairée par des discussions successives, par la comparaison des langues entre
elles, par le tact étymologique perfectionné dans
des études constantes et opiniâtres.

Le génie des langues existe long-temps dans les
langues à l'insu des hommes qui les parlent. Il
faut être très avancé dans l'investigation des langues en général pour apprécier les facultés et les
prérogatives d'une langue en particulier. Une
langue, en quelque sorte, ne se révèle complètement que lorsque sa mission est finie.

Les langues sont les formes de l'esprit humain;
une langue est l'expression de ce qui constitue et
caractérise une race humaine distincte des autres
races humaines.

Les langues, ainsi que je l'ai répété plusieurs
fois ailleurs, sont une véritable cosmogonie intellectuelle et morale.

Les historiens anciens furent donc bien loin
d'avoir toutes les ressources dont nous com-
mençons à abonder. Tous les enseignements
pressés dans une si courte période de temps pro-

duiront leur fruit, et sur-tout n'oublions pas le christianisme qui, à peine entré dans la sphère civile d'où on a trop long-temps voulu l'exiler, éclaire déja d'un si beau jour les voies de la Providence. Tout se tient; c'est ainsi que, pour les traditions cosmogoniques, la science est venue confirmer les témoignages de la Bible. Oui, j'en suis convaincu, le génie des croyances va se relever dans toute sa beauté native, dans toute son éternelle jeunesse.

Cela est étrange à dire, et cela est vrai cependant, au point où nous en étions venus par la confusion des idées, confusion que Tite-Live et Denys d'Halicarnasse ont commencée, et que les autres écrivains ont ensuite successivement augmentée, il était nécessaire de refaire l'histoire romaine dans ses éléments constitutifs: c'est ce qui m'est arrivé. Mais ce que j'ai fait par la pensée, d'autres l'exécuteront.

En effet, les historiens préoccupés, ainsi que je l'ai dit, de la série des faits, de leur plus ou moins de vraisemblance, de la comparaison et de l'appréciation des témoignages, plutôt que de la raison même des faits, ou portés à puiser cette raison dans des idées acquises postérieurement, se sont non seulement égarés, mais ont passé quelquefois à côté de cette vérité intime qu'on pourrait nommer la vraie vérité. C'est ainsi que la tâche de l'historien, pour tous les peuples du monde, nous a été léguée intacte. Il faut la recommencer, j'oserais dire synthétiquement, dans la philologie, dans la jurisprudence primitive, celle que j'appelle cyclopéenne, dans les anciens poëtes et dans les poëtes comiques. Pour les migrations des peuples, pour les colonies, il faut remonter à des causes cosmologiques. Enfin les travaux faits jusqu'à présent ne doivent être considérés que comme des matériaux à mettre en ordre.

Il y a une loi générale de la Providence, qui régit toutes les sociétés humaines, et qui leur fait parcourir leurs différents périodes. Il y a ensuite les formes mêmes de l'esprit humain. C'est vers cette haute synthèse qu'il faut sans cesse s'élever.

Les temps sont venus, les grandes expériences sont acquises, le travail est immense; et ce n'est pas trop de tout un siècle qui réunirait un grand nombre d'hommes distingués.

Quant à moi, je ne veux montrer qu'une chose, c'est cette lutte, sans cesse renouvelée, concentrée ailleurs dans les diverses mythologies civiles, et manifestée, chez les Romains, par une série de faits historiques, la lutte universelle du plébéianisme contre le patriciat, c'est-à-dire, comme nous l'avons vu, l'initiation même de l'humanité. Une histoire romaine construite sur cette idée fondamentale, serait, d'après ce qui a été seulement indiqué, une sorte d'épopée Odysséenne, en d'autres termes, le tableau d'une initiation providentielle. Mais Ulysse, l'antique plébéien, ne parvint jamais à la pleine émancipation vers laquelle il tendait, et dont la longue espérance est contenue dans toutes les traditions de la gentilité. J'expliquerai, au reste, dans mes notes, ainsi que je l'ai promis, ce type important d'Ulysse ; on verra qu'en effet ce personnage mythique ne put vaincre sa nature primitive, et qu'il finit par mourir centaure. N'est-ce pas aussi la fin déplorable du peuple romain ?

Cette pleine émancipation, objet de tant de vœux, cachée au fond de tant de croyances générales, nous trouverons, plus tard, que le christianisme seul peut nous la procurer, et que dès-lors, encore une fois, le christianisme est la véritable religion de l'humanité.

SUITE DE LA DEUXIÈME PARTIE.

§ III.

Prolégomènes pour la Ville des Expiations.

Selon d'anciens philosophes, la matière est le principe du mal ; et, à ce sujet, les questions suivantes ont été agitées : Dieu est-il le créateur de la matière ? Dieu a-t-il été obligé d'agir sur la matière existant par elle-même, et de lui donner des

formes et des qualités? De là cette autre question :
Dieu, en créant le monde, a sans doute pris conseil de son insondable sagesse; mais est-ce, et je
me sers à regret d'une expression convenue, qui
explique bien mal ma pensée, est-ce pour son
bon plaisir qu'il est sorti de son repos; ou bien,
y a-t-il quelque motif qui l'ait déterminé, sans
toutefois altérer les ineffables prérogatives de sa
liberté? Et quel a pu être ce motif? Serait-il permis de dire que, de même que l'homme ne peut
manifester sa pensée que par la parole, de même
Dieu n'a pu manifester la sienne que par la création? La création serait-elle la parole éternelle
de Dieu, ou l'expression plastique de sa pensée
éternelle, une manifestation de ses attributs et de
ses facultés infinis? Quelque effort que fasse la
pensée humaine, elle ne peut parvenir, toute
seule, à connaître la matière; car nous ne pouvons séparer ses qualités de son essence, ni la séparer des diverses organisations auxquelles elle
s'allie, des diverses transformations qu'elle subit.
Enfin, faut-il dire avec quelques uns que la vie
soit venue pour dompter la matière, et que tel
fut le motif qui détermina l'acte de la création?
Quoi qu'il en soit, la matière est aussi difficile à
comprendre que l'esprit; et c'est ce qui renverse,
par sa base, tout système de matérialisme.

L'étude des cosmogonies et des philosophies

indiennes serait indispensable, si ce n'est pour nous fournir des doctrines certaines, du moins pour bien poser le problème primitif. On peut dire seulement que l'idée de Dieu serait incomplète, si l'on n'y joignait pas la spontanéité de la création, et la création *ex nihilo*.

Toutes ces questions, au reste, fussent-elles insolubles, ne sont pas soustraites aux curiosités de l'esprit humain. Elles sont bonnes à agiter, uniquement parcequ'elles ont été agitées. Elles sont de notre domaine, puisque Dieu nous a donné la faculté de les examiner. Elles exercent notre intelligence sur des sujets dignes d'elle. Je vais plus loin, je crois que les traditions générales du genre humain nous y invitent, et qu'il s'agit seulement de savoir les interroger. La témérité ne consiste donc pas à en faire la recherche, mais à vouloir la faire hors de ces traditions. Par exemple, il en est une qui apparaît de tous côtés, à savoir la chute de anges rebelles; et ce fut cet événement qui, selon cette même tradition, donna lieu à la création d'une intelligence nouvelle, d'une substance spirituelle de plus: de là l'intelligence humaine, la substance humaine. L'homme a été soumis à la loi du progrès; et il serait peut-être possible d'inférer de quelques passages des Pères de l'Église, que des êtres supérieurs à l'homme ont également été soumis à la loi du progrès.

Toutes les cosmogonies commencent, ainsi que nous l'avons dit plus haut, par des révolutions opérées dans les royaumes des intelligences. Si les premiers chapitres de notre Genèse nous manquent à cet égard, ils sont suppléés, en cela, par plusieurs de nos autres livres sacrés.

Je veux faire une seule remarque, au sujet des traditions générales du genre humain, c'est qu'elles sont primitives, c'est que, par conséquent, elles ont précédé les questions émues par notre curiosité : cette remarque mérite tout notre respect, toute notre attention. Une autre remarque non moins importante, c'est qu'examinées avec soin, et sur-tout avec foi, elles sont toujours unanimes, c'est-à-dire identiques.

Pourquoi tout, dans la nature, est-il partagé en deux sexes? Les abeilles merveilleuses, disait Virgile, sont filles du ciel, et ne sont point soumises à la loi des sexes : il se trompait. Les anciens avaient voulu un emblème de la virginité, parceque la virginité a toujours été en singulier honneur parmi les hommes.

S'il est permis d'entrevoir quelque chose dans de tels mystères, c'est que la puissance de deux principes, l'un actif et l'autre passif, devait se reproduire dans toutes les échelles de l'organisation.

La loi des sexes est donc une loi cosmogonique

dont l'homme est la plus haute manifestation, qui, à cause de lui, enveloppe tous les autres êtres, et qui ne s'arrête même pas aux dernières limites de la vie végétale.

En un mot, toutes les lois générales d'existence et de perpétuité, sur cette terre, sont faites pour l'homme, se rapportent à lui.

Je parle ici comme la Genèse, c'est-à-dire que, pour moi, la création, c'est le monde de l'homme. Allons plus avant.

Le mal corporise, le bien spiritualise : les nécessités physiques, qui nous serrent de toutes parts sans nous absorber, nous représentent assez bien, en effet, l'origine et l'essence du mal.

L'homme peut perfectionner son corps, et arriver à le spiritualiser, s'il est permis de parler ainsi; il passera, dès cette vie, de la sphère des substances à celle des essences. Il ne s'agit pas de l'homme actuel. Cet état futur a été annoncé par analogie avec certains modes accidentels de nos perceptions; mais il ne nous appartient pas de nous en occuper ici.

Lorsque nous nous servons d'un instrument, c'est que cet instrument est propre à l'usage que nous en faisons. Lorsque cet instrument se détériore, et qu'il n'a plus les qualités requises, ou il nous refuse son service, ou nous le quittons pour en prendre un autre. L'ame aussi se sert des organes du corps, tant que ces organes sont propres à l'usage que nous devons en faire. Lorsque ces organes n'ont plus les qualités nécessaires, l'ame se retire. Nous ne savons pas comment elle se produit dans ce nouvel état, parceque nous ne pouvons nous rendre compte que de sa manifestation actuelle. Nous voici arrivés sur les confins de ces doctrines retrouvées dans Macrobe, dans Jamblique, et reproduites à toutes les époques de crise de l'esprit humain ; nous ne devons pas y pénétrer plus avant.

Dès que l'homme aurait acquis sur la terre le développement qu'il peut y acquérir, dès que toutes les réalisations, vues dans la prescience de Dieu, seraient accomplies, alors le monde serait sans objet, il s'éteindrait. Comment concilier, me dira-t-on, cette hypothèse avec les terreurs apocalyptiques qui reposent dans toutes les traditions du genre humain ? Ce ne serait pas difficile, si ces traditions étaient bien étudiées. N'oublions jamais que l'homme fait le destin de la terre. Les peintures apocalyptiques sont donc des menaces, et non des prophéties ; et les prophéties elles-mêmes ne sont vraies qu'à la condition de la liberté de l'homme. Ailleurs, nous aurons occasion de nous arrêter sur ce sujet. Continuons.

Dieu n'a pas pu faire, et je demande pardon d'employer une locution qui, à cause de l'imperfection de notre langage, suppose des bornes à la puissance infinie de Dieu; Dieu n'a pas pu faire que la matière ne fût pas impénétrable; Dieu n'a pas pu faire qu'il n'y eût pas des esprits réfractaires. Tous le sont, car tous résistent, tous ont le libre arbitre, tous ont une sphère d'activité dans laquelle s'exerce le libre arbitre. Les substances vénéneuses se transforment, elles ne sont pas vénéneuses par la nature même de leurs éléments constitutifs, mais par une loi inconnue de leur organisation. Toutes les substances intellectuelles finiront par être bonnes, car il est dans la nature de la substance intellectuelle d'être bonne; sans cette croyance, il serait trop facile de retomber dans le manichéisme, dans l'erreur déplorable de deux causes premières, rivales.

Les limites de la puissance de Dieu, et je suis encore obligé de m'excuser d'employer une telle expression, les limites de la puissance de Dieu sont l'ordre établi par Dieu même, la liberté des êtres intelligents, etc. Mais l'ordre amènera le bien et le beau. Il l'amènera par la liberté des êtres intelligents, parcequ'une bonne loi ne peut avoir de mauvais résultats, parcequ'une loi générale ne peut contrarier les autres lois générales, parceque tout tend à l'harmonie, qui n'est que l'ordre, dans le sens le plus élevé.

Dieu vit que tout était bien, et j'ai souvent

occasion de rappeler ce texte de la Genèse ; Dieu vit que tout était bien, c'est-à-dire, que tout était comme il fallait pour produire le bien, toutes choses, chacune dans sa nature.

Dieu fait entrer dans ses plans, à-la-fois, les jeux des organisations végétales, les instincts des animaux, qui peut-être sont mêlés d'un peu de liberté, qui, dans tous les cas, subissent des modifications par l'empire dominant de l'homme ; enfin le libre arbitre de l'homme, et celui des intelligences pures.

L'ordre matériel est un emblème, un hyéroglyphe du monde spirituel. Les miracles émanent de l'ordre spirituel, sont une signification du monde spirituel, un emblème plus positif, un hyéroglyphe plus spirituel.

Pour connaître le but, il faudrait comprendre l'ordre et l'économie des desseins de Dieu.

Un théosophe a dit : « L'homme agit dans le temps, et hors du temps ; il peut produire, dans le temps, une action qui n'est physique ni dans sa cause ni dans ses effets. »

Quoi qu'il en soit, l'impénétrabilité de la matière, telle que nous la concevons, les qualités bonnes ou mauvaises qui paraissent lui être inhérentes, et par conséquent nécessaires, présentent une image de ce qu'on est convenu d'appeler la nécessité. Les organes plus rebelles ne sont qu'une

nécessité plus forte et plus énergique; il ne s'en-
suit pas la nécessité rigoureuse de la détermina-
tion. Il faut se reporter à la pensée de l'épreuve,
de l'épreuve graduelle et mesurée. Dans la Bible,
Dieu se repent, Dieu retire ses condamnations.
Dans Homère, Jupiter modifie quelquefois les arrêts du destin. Souvenons-nous de ce que nous
disions, il n'y a qu'un instant, sur les traditions
apocalyptiques : le dogme de la liberté de l'homme
nous amènera souvent à des considérations qui se
prêteront un mutuel appui. D'ailleurs, c'est l'acquiescement de la volonté, l'acquiescement vrai,
qui constitue toute la moralité; et cela est ainsi
dans toutes les religions, dans toutes les philosophies qui ne sont fondées ni sur le doute, ni
sur l'incrédulité. La prédestination est un dogme
impie, à moins qu'on n'admette une prédestination heureuse, dont les effets peuvent être avancés ou retardés selon l'usage que les êtres intelligents font de leur liberté, c'est-à-dire une
prédestination à la condition de l'épreuve et du
perfectionnement progressif.

Les maladies tiennent à l'altération de nos
humeurs, des parties constitutives de notre être
matériel. L'union de l'ame et du corps fait le
sentiment de la souffrance. Nous ignorons ce
qu'est la souffrance pour les animaux. Nous ignorons ce qu'est le plaisir pour leurs sens extérieu-

rement analogues aux nôtres. Nous ignorons la
destination future de ce qu'il y a en eux d'évidemment immatériel ; nous l'ignorons, mais notre
ignorance est loin d'être invincible; et même les
données ne nous manquent pas. Nous irons plus
loin, d'après les systèmes de l'Inde, qui furent fort
répandus dans les premiers siècles de notre ère.
Peut-on savoir la joie du grain destiné à revivre?
Peut-on savoir la souffrance du grain destiné à
pourrir lentement dans la terre avant de parvenir
à l'évolution du germe qui est en lui? L'arbre que
l'on coupe éprouve-t-il de la douleur? Qui sait
l'organisation où commence le règne intellectuel?
ou plutôt, où commence l'immatériel? et peut-être
où commence la sphère morale?

Dans la Genèse, il est dit que la terre fut mau-
dite à cause de l'homme, ce qui est une manière
d'expliquer la lutte de l'homme contre la nature,
lutte perpétuelle et sans fin. Cette lutte est un
phénomène, ou plutôt une loi providentielle, dont
toute l'antiquité a eu le sentiment, et qui va avec
l'ensemble des traditions du genre humain. Prométhée, lutte de l'ame, de l'intelligence; Hercule,
lutte du corps, de la force physique.

Par-tout l'homme a été obligé de conquérir sa
demeure. Il a fait le sol où il s'est établi après le
déluge. Ensuite, il s'est fait lui-même.

La propriété est une institution divine : ces déclamations du dernier siècle contre le tien et le mien ne peuvent soutenir le regard de la raison, malgré le secours que l'éloquence de Rousseau a daigné leur prêter. L'homme fait le sol; la terre, c'est lui.

Le langage, la société, la propriété, sont choses identiques.

Le patricien primitif fut celui qui, le premier, parvint à la connaissance de ces choses identiques; car, pour l'homme, connaître, c'est avoir la notion intime de l'existence, le pouvoir de développer ses facultés: une telle connaissance, fondement de l'être, le patricien voulut toujours se la réserver comme droit perpétuel et incommuniquable.

Le plébéien primitif fut celui qui, arrivé après le partage primitif, ou, en d'autres termes, après la première loi agraire primitive, qui était une loi agraire patricienne, fut reçu dans l'asile primitif, aux conditions imposées par le patricien primitif.

Ainsi le patricien primitif fut l'homme-*fundus*, c'est-à-dire l'homme identique avec le sol; et l'on connut, dans le monde, des peuples autochtones, des peuples-*fundi*. Le patricien primitif, seul, eut des aïeux, parceque seul il eut le mariage légal; lui seul eut la propriété, parceque seul il eut des enfants certains pour la leur transmettre; lui seul eut des tombeaux, parceque la terre appartenait à lui seul. Les héritages et les tombeaux sont le même fait et le même droit.

Le patricien primitif ne put trouver que dans le ciel la source mystérieuse de sa race, et les limites de la propriété furent également tracées par lui dans les espaces du ciel. Propriété et mariage sont une même loi, qui fut une loi divine, avant d'être une loi humaine.

Le plébéien primitif, par sa force physique, aida le patricien primitif dans cette première lutte, qui fut si terrible, de l'homme contre les éléments : tel fut le grand labeur du défrichement primitif, après la retraite des eaux, ou, selon la contrée, après la conflagration des volcans ; car, dès qu'une portion de terre put être rendue habitable par le travail de l'homme, l'homme vint la disputer aux éléments, et la féconder de ses sueurs. Le plébéien primitif eut donc à conquérir une demeure fixe sur le sol primitif arraché, en quelque sorte, par son bras, à la puissance du cahos ; mais avant d'obtenir l'héritage, il dut obtenir la famille. La conquête, les colonies, à des époques postérieures, remplacèrent, par d'autres combats, ces combats primitifs contre les forces de la nature. Nous ne parlons ici que de l'âge où notre globe fut livré à l'homme pour qu'il en fît son domaine, au prix du travail.

L'antique marque de réprobation, attachée à

la reproduction de l'homme, dont nous avons signalé le sentiment profond, dans toutes les traditions cosmogoniques, cette marque avait été
effacée, pour le patricien primitif, par la sainteté
du nœud conjugal; le plébéien primitif ne pouvait pas continuer de se perpétuer sous le poids
de l'anathème originel; il devait, à son tour, s'approprier la dignité humaine.

Je disais tout-à-l'heure que le langage, la société, la propriété, sont choses identiques, et, en
m'exprimant ainsi, j'avais en vue le sens le plus
général. Maintenant il serait bon de distinguer la
parole et le langage. Je vais tâcher de me faire
comprendre. Dans les célébrations religieuses, il
était recommandé aux profanes, c'est-à-dire aux
plébéiens, de se taire; et, chez les premiers Romains, le client ne pouvant, par lui-même, donner la sanction légale à une formule dont cependant il était l'objet, était tenu de s'adresser à son
patron, qui la prononçait pour lui. Le client n'é-
tait quelque chose que par son identification avec
la personne du patron. Il n'avait point de nom à
lui; le nom seul de son patron était le sien. C'est
ainsi seulement que le plébéien put user du vote,
lorsqu'il fit sa première invasion dans la sphère
sociale; c'est ainsi encore que, pour la validité de
son union avec une femme, union qui ne fut pas
d'abord le mariage solennel, le mariage produi-

sant des effets civils, le client empruntait le *caput*,
la tête civile de son patron, en d'autres termes, la
force virtuelle représentée par le nom qui seul
communiquait la faculté de contracter un enga-
gement. Ulysse, en qui nous avons reconnu le
plébéien primitif, répond au cyclope qu'il n'est
personne, c'est-à-dire qu'il n'a pas le nom civil. Le
cyclope, relativement à Ulysse, est un patricien.

La parole, la liberté personnelle, la liberté civile, forment donc différents degrés de l'évolution
.plébéienne; et ces degrés, souvent confondus
entre eux, sont quelquefois difficiles à distinguer
les uns des autres : c'est dans le mythe seulement
qu'on les trouve bien marqués.

Le plébéien, après avoir lutté contre les éléments, lutte contre les institutions primitives;
l'émancipation successive est le prix de cette lutte,
condition nécessaire et providentielle de tout progrès. L'homme est donc tenu de faire le sol, de
faire sa propre intelligence.

Le patricien d'une époque fut le plébéien de
l'époque précédente: ainsi le patricien d'une
époque historique fut le plébéien d'une époque
héroïque, et lo patricien d'une époque héroïque
fut le plébéien d'une époque cosmogonique; car,
tout est succession, développement, progrès dans
la marche des destinées humaines. Pour nous les
expressions patriciens primitifs et plébéiens pri-

mitifs, ne peuvent être que des expressions tout-
à-fait générales, emportant un sens relatif, selon
les époques; et sur-tout, par le christianisme, dernier terme de la progression, il est avéré que l'essence humaine est une et identique.

En suivant la ligne que je viens d'indiquer, on
arriverait aux patriarches de la Bible.

La première loi agraire primitive fut la propriété personnelle et la délimitation des ordres;
elle établit les rapports respectifs de patron et de
client. Le plébéien cesse d'être *pecunia*.

La seconde loi agraire primitive fut la dignité
humaine, manifestée par le mariage. Le plébéien
entre dans l'humanité. Il devient susceptible d'acquérir, par la propriété, une famille et des tombeaux.

La troisième loi agraire primitive fut la propriété transmissible, et le mariage produisant des
effets civils. Le plébéien fait partie de la cité; il
devient apte aux magistratures.

La succession de ces lois agraires primitives,
dont on ne peut fixer chronologiquement les da-
tes, et dont on retrouve les traces certaines dans
l'histoire romaine, sont donc les initiations successives et nécessaires de l'humanité, c'est-à-dire
du plébéianisme; car tout patricien, originairement fut plébéien. Tout grade, dans l'initiation
humaine, fut toujours une conquête: il fut acquis

en fait, avant de l'être en droit; il fut demandé avant d'être obtenu; il fut en puissance d'être, avant d'être en réalité, et en réalité, avant d'être légalement constaté.

Ce que j'ai dit plus haut explique ce que je dis à présent, et ce que je dis à présent sera encore expliqué par ce que je dirai par la suite. J'avance pas à pas dans la carrière que je dois parcourir.

Les chemins jamais ne furent tracés *à priori*, si ce ne sont les chemins ouverts par la conquête, parceque ceux-ci traversent de vive force les empires, et qu'ils méprisent la propriété: c'est une image des institutions nées des traditions, et de celles qu'impose la tyrannie.

Il n'y a point de lieu sans nom; et le nom, l'une des choses les plus primitives, sort d'une source mystérieuse, la même que toutes les origines.

M. de Maistre a voulu justifier là Providence, sous le rapport temporel. J'avoue que ce genre de justification me touche peu, et je dirais volontiers : Que m'importent les succès des méchants et les revers des bons? N'ai-je pas la vie à venir? Cette forme de justification, que maintenant j'oserais presque nommer impie, tient, au reste, à l'ensemble d'une doctrine qui a dû s'atténuer à mesure que le sentiment moral s'est perfectionné. On sait que la Bible est pleine de promesses et de menaces temporelles; et l'on en sait aussi la raison :

elle a été dite de mille manières, dont aucune ne me paraît convenable; j'aurai, sans doute, occasion de dire celle que je crois vraie, et qui tient à mes idées de progrès, d'avancement, d'épreuves successives. Pour me servir d'expressions déja consacrées par une sorte de style théologique, il fallait bien faire l'éducation de l'homme charnel, avant de faire celle de l'homme spirituel. Ainsi donc encore, je dirais volontiers à M. de Maistre et à ses disciples: Vous êtes les juifs de l'ancienne loi, et nous sommes les chrétiens de la loi de grace.

On a trop dit que la santé et la maladie, la durée plus ou moins longue de la vie, étaient une récompense ou un châtiment, le fruit de la résistance ou de l'abandon à nos passions, à nos penchants, de l'emploi plus ou moins sage, plus ou moins réglé de nos facultés. Pourquoi faire de la morale avec de la physiologie? Notre liberté a plus de latitude qu'on ne croit, relativement à nos organes. Je ne nie point ce qu'il y a d'inévitable et de résultats nécessaires dans les lois de notre organisation, telle qu'elle est devenue, telle que nous l'avons faite, mais nous avons toujours en notre pouvoir le refus ou l'acquiescement de notre volonté; et, en remontant plus haut, nous trouverons que l'ame *informe* le corps, en bien ou en mal, qu'il y a en nous des ressources pour ce qui est mauvais, des périls pour ce qui est bon, que notre nature ne repousse pas invinciblement l'abus lorsqu'il se change en habitude. Je veux donc puiser la raison et la récompense d'une bonne conduite, non dans l'espérance de la santé ou d'une longue vie, mais dans le sentiment moral de notre perfectionnement. Dieu a bien d'autres moyens de récompenser et de punir; l'homme n'est pas un être borné au temps.

Ce que je viens de dire de l'organisation humaine, relativement à la liberté, je pourrais le dire, du moins en partie, de l'organisation sociale.

Il y a, ainsi que je l'ai énoncé plus d'une fois, il y a, pour la société et pour l'individu, un mélange de fatalité et de liberté, dont il faut soigneusement tenir compte. La liberté, pour les individus comme pour les peuples, est circonscrite par des lois irréfragables; car enfin la Providence doit vouloir la conservation de son ouvrage, et elle ne l'a fait que pour qu'il durât. Reste la liberté morale, pour l'individu, et, pour les peuples, un instinct moral dont la manifestation a toujours lieu, malgré les pouvoirs oppresseurs, et malgré les circonstances étrangères à lui-même. Le devoir de tout gouvernement est de développer cet instinct moral, c'est-à-dire de diriger vers le bien, d'employer au perfectionnement le génie individuel de chaque peuple qui lui est confié par la

Providence; s'il ne le fait pas, il manque à sa mission. Tout gouvernement doit être initiateur à l'égard du peuple qu'il gouverne.

Lorsque l'on médite sur l'origine et les progrès des connaissances humaines, on est invinciblement porté à chercher hors d'un peuple quelconque la cause de sa civilisation, et, par conséquent, l'origine de ses lumières sur toutes choses. C'est, au reste, le témoignage de l'histoire. De là l'hypothèse d'un peuple primitif, d'un peuple civilisateur, placé par Bailly, d'après Platon, dans le nord de l'Asie. D'autres ont établi le principe civilisateur dans un collège de prêtres, comme les gymnosophistes de l'Inde, les Hiérophantes de l'Égypte, les Semnothéens de la Celtique. Toujours, au moins, a-t-il fallu un législateur avec une mission d'en haut pour dominer et son siécle et les peuples auxquels il s'adressait. Il paraît même que ce qu'on nous donne pour des premières institutions, des législations primitives, ne sont en effet que des réformations. En suivant donc la filiation jusqu'au bout, nous serons bien forcés de placer le principe civilisateur hors du genre humain lui-même, c'est-à-dire dans le créateur, qui a voulu que l'homme fût un être social, qu'il fût condamné à tout apprendre. Dieu régna d'abord lui-même, ensuite par des législateurs avoués de lui. Remarquons qu'en effet les légis-

lateurs, tous sans exception, ont eu des missions
divines; et ici, c'est encore le seul témoignage de
l'histoire que j'invoque. Je sais que le dix-huitième siècle n'a pas voulu croire à ces missions
divines. Il faut bien les admettre cependant, car,
ainsi que je l'ai dit au sujet des oracles, l'imposture
ne peut être douée de ce qu'il faut pour fonder.
Celui qui se fait l'expression d'un ordre de choses
doit avoir en lui la conviction de la pensée humaine en sympathie avec la volonté divine, ce
qui constitue la foi, la puissance de créer, l'ascendant sur les hommes. J'ai fait entendre ailleurs,
ce que je pense de Mahomet lui-même, ce dernier
législateur qui se soit autorisé d'une mission divine. Voltaire, engouffré dans les erreurs du
siècle dont il est le représentant si passionné, et
qui néanmoins se recommande à notre reconnais-
sance par le vif sentiment d'humanité qu'il a développé parmi nous, Voltaire a menti à-la-fois
aux données de la poésie et à celles de la vérité; et
ceci me rappelle encore le crime irrémissible d'a-
voir porté une main sacrilége sur l'héroïne admirable, sur la sibylle pure et magnanime de la nation française.

Remarquons, puisque nous en sommes arrivés
là, que ces sortes de missions étant finies, il en
est résulté la nécessité de faire entrer les peuples
dans la participation du pouvoir. Fénélon l'avait

bien senti. Fénélon, il ne faut pas se lasser de le
dire, est le véritable fondateur de l'ère actuelle.
Si le Télémaque eût été adopté par les souverains,
ils auraient conservé la première prérogative du
pouvoir, celle d'instituer; ils auraient évité la
dissolution sociale du dix-huitième siècle. Il faut
savoir sur-tout que le Télémaque était loin de
contenir toute la pensée de Fénélon, et que l'ensemble de ses écrits était un trésor de sagesse et de
prévision. Je ne parle pas même de ceux qui ont
péri, et qui n'ont jamais été connus, mais qui,
sans doute, contenaient une révélation de l'avenir. Louis XIV, après la mort de M. le duc de
Bourgogne, s'enferma dans ses appartements, avec
madame de Maintenon, pour brûler tous les pa-
piers qui contenaient les instructions de l'illustre
maître pour son auguste élève, et qui avaient été
religieusement recueillis et enfermés dans une
cassette. Le vieux roi ne pouvait plus rien pour sa
propre gloire, ni pour le soulagement de ses peuples dont il sentait tout le malheur; mais qu'avait-
il à craindre de ces pensées généreuses, destinées
seulement aux méditations intimes de la royauté?
Redoutait-il encore pour lui-même, et pour son
successeur l'ascendant d'un si beau génie?

Disons plus, car, depuis Fénélon, les temps ont
bien changé, la participation du peuple au pouvoir ne suffit encore pas, dans l'état actuel des

idées et des opinions. Il faut que le pouvoir sorte du peuple même. La société, une fois instituée, marche vers l'indépendance : c'est à elle, un jour, à produire le pouvoir qui doit la régir. Les âges de la tutèle sont passés, les âges de l'émancipation commencent. Est-il besoin d'ajouter que néanmoins la société continue d'exister par les mêmes lois qui l'ont fondée? L'émancipation d'un peuple ne peut être pour lui l'affranchissement du haut domaine de la Providence.

Je me suis expliqué ailleurs sur toutes ces choses, et sur-tout sur le signe métaphysique, qui est la marque de l'âge actuel de l'esprit humain.

Il me suffit d'appeler de nouveau l'attention sur ce que j'ai dit, plus haut, de l'évolution plébéienne, des initiations successives, du développement complet de l'humanité.

M. de Maistre attend un siècle nouveau, une nouvelle révélation : il ne sait donc pas que le christianisme a tout dit! Moi aussi je crois à une ère nouvelle, mais cette ère est commencée. Le siècle attendu existe déja. Les choses parlent un langage, qui est aussi une révélation de Dieu.

La société, ainsi que je l'ai dit si souvent, a été imposée à l'homme; à présent, il est temps d'ajouter qu'elle lui a été imposée comme épreuve, comme moyen d'initiation, parceque, dès les temps cosmogoniques, l'homme ayant mal usé de sa liberté, une limite de plus a été assignée à cette liberté, ou plutôt une liberté d'un genre nouveau lui a été accordée, pour que son perfectionnement fût son propre ouvrage; et ici encore je puis invoquer en témoignage les documents de l'histoire sacrée et de l'histoire profane, qui sont également unanimes sur ce point, que toutes les villes primitives ont été fondées sur le droit d'asile : ainsi toutes sont des villes d'expiation. L'homme enfin a dû reconstituer son être, par le moyen même de l'état social. S'il eût bien usé de sa liberté antique, il n'aurait pas eu besoin de passer par cette liberté successive qui sert à faciliter, à marquer ses progrès. La société lui a donc été imposée comme une épreuve et comme un appui. La solidarité aussi, qui en est une suite nécessaire, lui a été imposée en même temps comme une épreuve et comme un appui ; car, dans les vues paternelles de la sagesse infinie, la peine et la protection sont choses identiques. A mesure qu'il se perfectionne, qu'il s'améliore, ou, en d'autres termes, à mesure qu'il se développe, la solidarité diminue d'intensité ; il se rapproche de l'individualité ; il n'y parviendra toutefois que dans une existence future. En effet, de ce que le père et le fils sont la même substance, et, en quelque sorte, le même être continué, il en résulte l'homogénéité, et, pour ainsi dire, l'individualité de l'espéce humaine. A toutes les époques, il y a des hommes qui, par leur haute moralité, sont plus ou moins soustraits au joug de cette solidarité; tout le temps des épreuves est abrégé pour eux, ou bien ils en prennent volontairement le fardeau, pour l'épargner aux autres, ce qui est la même chose. Ceux-là sont des hommes providentiels que la bonté divine suscite pour hâter l'accomplissement de ses desseins. Ajoutons que l'individualité n'est point l'égoïsme, puisqu'il reste, ainsi que nous venons de le dire, la faculté du dévouement libre. Comment des esprits élevés, des cœurs généreux, ont-ils pu croire que la société est une institution mauvaise en soi? C'est qu'ils se sont transportés à un état qui fut celui de l'homme dans un temps dont la mémoire est conservée par la tradition universelle. Ainsi donc s'accomplira le retour promis par cette même tradition; et nous reconquerrons une partie de notre individualité. La nécessité de la prière continuera pour les individus, elle diminuera comme devoir des êtres collectifs. De là, le moins de nécessité du culte public, d'une religion de l'État. L'indépendance de la pensée relativement au signe, conduit à l'indépendance du sentiment religieux, relativement au culte cérémoniel. A cet anneau de la chaîne s'attache le principe de la tolérance. Je me suis expliqué ailleurs sur ce sujet. Comme nous ne sommes point affranchis par-là des liens d'affection inspirés par la nature, ou fruits d'un choix volontaire, comme ceci n'ôte rien aux vertus puisées dans le dévouement; de même, la société doit rester sous la protection de la Providence, et perpétuellement, dans tous ses actes, reconnaître le haut domaine de Dieu sur ses créatures, sur les réunions de ses créatures vivant sous des lois communes à tous.

Enfin, et il est temps de le dire, c'est l'entier développement de la loi évangélique, qui est l'unique loi morale du genre humain, loi parfaitement indépendante et désintéressée de toute forme politique, loi si différente, en cela, de la loi de Moïse qu'on voudrait nous imposer de nouveau.

Il faut rendre à la Ville des Expiations toute l'énergie du culte public; il faut, si j'ose m'exprimer ainsi, lui rendre le frein et l'appui de la solidarité, parceque cette ville est placée dans l'hypothèse sévère des institutions primitives, des cités fondées sur le droit d'asile. Ses citoyens sont destinés à recommencer leur éducation sociale; c'est une colonie ancienne, au milieu des peuples modernes.

Ceci nous ramène à notre point de départ.

Les états antérieurs de la société, états où une partie de l'espèce humaine était dans des liens si durs, ces états entraient aussi dans les vues de la

Providence. Les hommes qui naissent au sein de ces sortes d'organisation sociale sont soumis à une autre forme d'expiation, et, sans doute, cette forme fut nécessaire en son temps. C'est la même nécessité qui nous impose le devoir de bâtir une ville nouvelle. Les Apôtres parlent sans cesse de cette ancienne loi qui fut gravée sur la pierre. Il en est de même des peuples encore barbares. Il en est de même du fléau de la guerre. Il en est de même des innocents persécutés ou tués. Il en est de même des individus qui gémissent sous le poids d'une exclusion sociale ou d'un préjugé qui les domine eux-mêmes. Il en est de même des mérites méconnus. Il en est de même de toutes les injustices légales ou illégales. Il en est de même des calamités de tout genre qui pèsent sur quelques uns, ou sur des multitudes. Ce sont toujours des épreuves ou des expiations : à la fin tout se retrouvera ; rien ne se perd dans le sein de Dieu. Je vois toujours le perfectionnement social contrarié par ceux qui devraient le diriger, ou le hâter : c'est, sans doute, une des conditions de la société ; et souvenons-nous que la société a été imposée à l'homme, après la déchéance, après le meurtre de la grande victime dont nous devons recomposer l'être, pour parler le langage déja employé au commencement de cet écrit. Que sais-je si ce moment-ci ne sera pas signalé par une nouvelle expérience du cours naturel des choses entravé par les pouvoirs destinés à le protéger? Qui sait si les gouvernements ne finiront pas par ajourner, pour un temps, les développements actuels de l'esprit humain? Nous croyons qu'ils manquent à leur mission; ils ne font peut-être qu'obéir à une autre mission que nous ignorons, celle d'enchaîner le nouveau Prométhée. Les patriciats divers ont toujours prolongé les épreuves; c'est, sans doute, en vertu d'une loi universelle. Ce serait alors en vertu de cette loi que Dioclétien dut éprouver les chrétiens; et, lorsque le monde fut chrétien, Constantin. proclama la foi du monde. Ainsi, même dans les choses religieuses, il faut que l'homme lutte contre la destinée: il faut qu'il paie d'un grand prix la croyance et la liberté; et le prix dont il a acheté la foi chrétienne, l'émancipation évangélique, prouve toute l'étendue du bienfait. Que savons-nous si maintenant les peuples sont assez préparés à ce nouveau développement du christianisme? Savons-nous s'ils ont assez compris que c'était au christianisme, c'est-à-dire à la Providence de Dieu, qu'il fallait s'adresser, et sur-tout s'ils ont suffisamment appris à moins compter sur leurs propres forces? S'il en est ainsi, et que le nouveau Constantin doive se faire attendre, alors, dans ma pensée de résignation, je me dispose à me consoler de voir les efforts géné-

reux devenus impuissants; je me consolerai, dis-
je, en pensant que, sans doute, nous n'étions pas
assez avancés dans le sentiment moral, pour mériter l'émancipation, sinon complète, du moins
incontestée. Nous y parviendrons graduellement,
à mesure que nous le mériterons par nos efforts
soutenus, par une respectueuse confiance.

Ne l'avons-nous pas déja dit, et sommes-nous
obligés de nous répéter sans cesse? Les premières
sociétés furent sévères et garrottantes, parcequ'a-
près la déchéance il fallut enseigner peu à peu
le sentiment moral; et le christianisme lui-même,
quoique si terriblement acheté, le christianisme
dont l'emblème ineffable est un instrument de
supplice, le christianisme lui-même n'a pénétré
que peu à peu dans la moelle de la société.

Oui, la religion, et ce mot doit être entendu
ici dans le sens le plus universel, la religion faite
pour l'homme, dans le temps, est sujette à la loi
du progrès et de la succession; elle se manifeste
donc aussi successivement. Lorsque Dieu a parlé
dans le temps, il a parlé la langue du temps et de
l'homme. L'esprit contenu dans la lettre se développe, et la lettre est abolie. La plénitude des facultés humaines sera la plénitude de la religion.

Au reste, pour le dire en passant, le mot religion suppose la chute originelle, car il signifie ou
renouement ou réélection; il suppose donc aussi

l'intervention d'un Médiateur, dogme qui, en effet, se trouve au fond de toutes les croyances.

Cette loi de succession, que nous venons d'appliquer à la religion, est d'une telle évidence, qu'elle a illuminé Bossuet, l'immobile Bossuet, jusqu'à éblouir son fier regard. Selon lui, Dieu n'avait pas jugé convenable de livrer, chez les Hébreux, le dogme de l'immortalité de l'ame aux grossières interprétations, aux stupides pensées d'une multitude trop charnelle pour ne pas en abuser; les hommes spirituels, les parfaits, pouvaient seuls pénétrer les voiles dont il était enveloppé à dessein. L'antique tradition s'expliquait pour les uns, restait muette pour les autres. J'aurais cru qu'une telle assertion ne pouvait être produite que par les incrédules. Juste ciel! un peuple qui n'est pas, dans son universalité, fortement empreint du dogme le plus nécessaire, du dogme de l'immortalité! Et c'est ce peuple qui est dit le dépositaire des promesses! Et c'est ce peuple à qui l'on conteste si peu l'auguste prérogative de produire le Messie! Et c'est un législateur inspiré de Dieu, que l'on peut supposer occupé de pareils ménagements!

Arrêtons-nous un instant, puisque l'occasion s'en présente, sur cette importante controverse qui a été émue au sujet de la croyance en l'immortalité de l'ame chez le peuple hébreu. L'étude de la législation toute typique, et de l'histoire toute figurative de ce peuple extraordinaire, ne pourrait-elle pas conduire à affirmer que l'accomplissement des préceptes qui s'appliquaient à la loi morale procurait des récompenses dans l'autre vie, et que les promesses temporelles ne s'appliquaient qu'à la loi de l'extérieur de la religion, aux pratiques cérémonielles destinées à passer? Cela s'expliquerait par la raison que le culte, tout national, était aussi le symbole de l'institution politique.

Il ne faut pas oublier que les Hébreux sortaient de chez un peuple où était établi le culte des morts, qu'ils marchaient au milieu de nations nécromanciennes, c'est-à-dire au milieu de nations qui avaient abusé du dogme de la résurrection des morts, et que Moïse devait travailler à les préserver des contagions superstitieuses.

Dieu défend de faire des images ou des représentations de lui-même, pour éviter l'idolâtrie. C'est par la même raison que le législateur est tellement circonspect sur l'immortalité de l'ame, autre dogme qui donne lieu à une autre sorte d'idolâtrie.

Ce dogme toutefois était implicitement reconnu par toute la loi; il ressortait de toutes les traditions : le nom de Dieu qui, dans la langue du peuple hébreu, exprimait le nom du seul être inconditionnel, de l'existence absolue, nécessaire, continue, et sans fin, avait imprimé ses hautes prérogatives au verbe par lequel l'homme exprimait à son tour le sentiment de l'existence; ce verbe se refusait à rendre l'idée du présent, toujours passager, et avait besoin d'avoir recours à un temps composé du passé et du futur.

Je ne veux cependant point me briser contre l'autorité du grand nom de Bossuet. J'avoue même que sa pensée si rigoureuse, et j'oserais dire si hautaine, pourrait recevoir des explications favorables à mes propres idées; et je ne saurais m'engager dans cette discussion, quelque fût l'intérêt qu'elle devrait présenter; le peuple hébreu, comme nous venons de le dire, image et type de tous les peuples, le peuple hébreu, qui était tenu de conquérir une patrie, était-il tenu de conquérir aussi le dogme de l'immortalité? Mais du moins pouvait-il s'y élever de lui-même, puisque, dès l'origine, il ne fut point soumis à cette forme initiative qui, par-tout ailleurs, a distingué le plébéien du patricien. L'abbé Fleury le fait noble tout entier; car, en effet, il était sorti tout entier de la maison de servitude. Bossuet paraît donc avoir méconnu le caractère de cette antique émancipation.

Au temps de Constantin, il y eut d'autres Bossuet, qui s'allarmèrent du progrès que faisaient les sciences primitives. La lir   ꞓ redoutable de l'orthodoxie fut posée, et scellée par le sang. La théocratie releva sa tête puissante. Toujours les analogies se présentent à mon esprit. Et je dirai encore ici qu'au temps de Constantin, le genre humain n'était pas assez préparé pour la pleine émancipation chrétienne, dont il fut cependant si près.

On a pu entrevoir la pensée première de la Ville des Expiations; c'est celle que j'ai attribuée, plus haut, à la Providence elle-même, dans l'établissement de toute société humaine, de mettre une sauve-garde à la liberté de l'homme, lorsqu'il l'a compromise; de venir à son secours par une nouvelle épreuve, lorsque les autres épreuves n'ont pas suffi; de le soustraire au mauvais destin sous lequel plient ses facultés qu'il n'a pas su diriger pour l'amélioration, pour le perfectionnement, but suprême et définitif du Dieu qui l'a fait primitivement à son image, et qui ne veut pas que cette image auguste reste profanée. Ajoutons une dernière réflexion plus spéciale. Enfin cette ville, comme toutes les cités primitives, est fondée sur l'antique droit d'asile, droit qui fit la ville bâtie par Caïn, comme il fit le Theseum d'Athènes, comme il fit la ville bâtie par Romulus.

Mais, pour tout résumer en un mot, la pensée universelle qui préside à la Ville des Expiations, c'est la pensée généreuse, chrétienne, de substituer, dans la société actuelle, l'initiation à la gêne et à l'infamie, l'épreuve au châtiment. Cette pensée que, sans doute, la Providence m'a inspirée, servira, je l'espère, à me faire pardonner la témérité de quelques unes de mes investigations.

Les méchants des prisons et des bagnes ont entre eux un code qui les régit seul, auquel ils obéissent aveuglément, à l'insu de la puissance qui les punit: tant est grand l'instinct social et le besoin de loi! Platon avait déja fait la remarque de cette disposition des malfaiteurs à se réunir en corps de société. Certaines institutions de l'Égypte, qui ont excité l'étonnement des historiens, trouveraient ici une explication naturelle; mais je préfère la renvoyer au lieu où je pourrai lui donner les développements nécessaires. Je dois rester, quant à présent, dans les données les plus générales. Les malheureux qui, au milieu de nous, sont hors des lois qu'ils ont violées, rentrent sous d'autres lois qu'ils sanctionnent par leur assentiment; et il faut bien en faire l'observation, le code inconnu, qui, dans les ténèbres, régit les prisons et les bagnes, ce code est aussi d'institution divine, en ce sens qu'il n'est pas non plus le résultat d'une convention, d'un contrat, qu'il est fondé sur une loi primordiale de la nature humaine, en ce sens encore, que nul ne peut s'y soustraire. Supposez le bras qui retient dans les fers ces hommes si profondé-

ment flétris, se retirant peu à peu, on concevrait
que les grossiers rudiments, tout formés, d'une société quelconque, pourraient les améliorer et les
perfectionner. N'oublions pas que Caïn fut le fondateur de la première ville. Si ce n'est point un
fait historique, dans l'acception restreinte de ce
mot, du moins, c'est un fait universel, caractère
essentiel des faits racontés dans la Genèse. L'au- ·
torité que j'accorde au témoignage de la Bible ne
connaît point de bornes. Je n'ai pas besoin d'en
dire la raison ; elle sort de l'ensemble de cet écrit.

Les brigands, ceux qui infestent les grands chemins, les voleurs de tout genre, dans le temps
même où ils secouent l'honneur de convention, le
joug des lois de la société dans laquelle ils sont nés,
ont, dis-je, des points d'honneur, des lois non
écrites, une sorte d'équité naturelle, qui règlent
les droits particuliers de chacun, qui forment la
hiérarchie et la subordination, qui président au
partage des dépouilles, qui seraient enfin les premiers éléments d'une société civile, dans des circonstances données, et même les premiers éléments
d'une société politique, instinctivement armée
d'un patriotisme sauvage. Ailleurs, j'irai bien plus
loin ; mais il faut que le lecteur y soit préparé. Ainsi
donc ces hommes qui, pour première profession
de foi, se déclarent hors des lois de leur pays, re-
connaissent encore des lois ; et ces lois, sans légis-

lateurs et sans magistrats, sont plus fortes que leurs passions déchaînées, plus fortes que les supplices, que la mort. Les brigands de Rome ont, de plus, un culte; mais, pour ceux-là, il faudrait se livrer à tout un ordre de considérations étrangères au sujet qui nous occupe en ce moment. Nous ne voulons parler que des malfaiteurs, tels qu'ils sont dans toute société organisée et pleine de vie. Ils choisissent, en quelque sorte, la société particulière dans laquelle ils veulent vivre. Choisissons pour eux, et prenons, s'il le faut, dans leur propre code, les principes de leurs lois nouvelles, des lois d'exception que nous devons leur donner, car ces principes sont ceux même des institutions primitives.

Mais nous n'en aurons pas besoin, car avec la loi morale que nous sommes dans l'heureuse nécessité de commencer par consulter, nos institutions, ou plutôt, leurs institutions doivent être déjà une émancipation, un pas vers toutes les initiations à-la-fois. D'ailleurs, on n'invente pas des traditions.

Lorsqu'une civilisation recommence, et c'est le cas où nous nous trouvons, elle recommence avec un élément de plus, avec l'adoption d'un plus grand nombre d'hommes à la communion sociale. Les études géologiques nous fourniraient un emblème de cette sorte de succession; on pourrait ajouter encore, que ce qui se passe sur la terre, aux différents âges du genre humain, est un emblème des hiérarchies de l'autre vie. Qu'il nous suffise de dire que l'élément chrétien est, pour nous, cet élément de plus, qui désormais doit faire partie de toute nouvelle société humaine.

Il s'agit maintenant, comme une des conséquences les plus importantes du christianisme, d'abolir à jamais cette doctrine qui a trop long-temps régné sur la terre, doctrine qui consiste à croire que le châtiment doit être infligé pour l'utilité de l'association. Le temps est venu de créer dans les esprits cette autre pensée, laquelle doit, à son tour, gouverner les peuples, à savoir qu'il est moral, qu'il est généreux, qu'il est vrai, qu'il est juste enfin de prendre l'utilité du prévaricateur pour base de nos lois répressives. Abolissons aussi à jamais cette autre fausse et funeste pensée de l'exemple, qui a également régné si long-temps, et régné par les supplices.

Dans la législation des Perses, avant de condamner un homme, il fallait mettre en balance les services rendus par le coupable, antérieurement au crime pour lequel il était accusé, et les mettre en balance avec le crime lui-même. La justice de Dieu juge l'ensemble d'une vie, parceque Dieu sait ce qu'est chaque homme, chaque créature individuelle, indépendamment de ce qui lui est extérieur. C'est tout un homme que Dieu juge. Les Perses, sans doute, n'étaient pas plus que nous habiles à une si haute magistrature. Aussi ne se servaient-ils pas de ce genre d'appréciation pour diminuer le mérite des bonnes actions. Leur loi était donc une loi de miséricorde, et non une loi de justice rigoureuse pour tous. C'était le vrai motif, qui est aussi la véritable raison de l'amnistie, et du droit de faire grace ou de commuer la peine.

Cependant, je pense qu'il y a un progrès à faire dans cette ligne d'idées, et que les réformes de notre législation criminelle ont grand besoin d'être éclairées par une pensée si humaine. Il en résulterait le principe d'une théorie de peines et de récompenses, théorie fort belle et fort sociale, mais qui, en ce moment, doit nous être étrangère.

Finissons par cette réflexion. Il ne peut y avoir expiation par le châtiment, que lorsque le coupable lui-même acquiesce au châtiment. Dieu sans doute veut qu'il en soit ainsi pour sa propre justice, car il veut le progrès. Si le coupable peut, quelquefois ici bas, chercher à s'y soustraire, ailleurs, il s'y soumet. Platon avait donc tort de croire à l'efficacité du châtiment comme châtiment. Ce beau génie, qui s'est souvent élevé si haut, n'avait pas encore compris que la peine du crime ne peut effacer le crime qu'à la condition que le criminel accepte la peine. M. de Maistre est tombé dans la même erreur que Platon. Aurait-il donc mal interprété le dogme du Médiateur, tel que l'a proclamé la foi chrétienne? Je ne reculerai point devant cette question théosophique, lorsqu'il en sera temps.

SUITE DE LA DEUXIÈME PARTIE.

§ IV.

Suite des Prolégomènes pour la Ville des Expiations.

Comme on a pu le voir, l'abolition de la peine de mort est loin d'être la seule pensée, la pensée intime et profonde qui m'a inspiré la Ville des Expiations.

Le monde qui passe en cache un qui ne passe point : l'un sert de voile à l'autre. Que le voile tombe, la réalité intellectuelle apparaîtra. L'extérieur de la Ville des Expiations cache une ville intérieure. J'ai divisé mon ouvrage en trois livres ; le troisième livre est la manifestation de la cité myotique.

La Ville des Expiations n'est pas seulement une ville fondée sur l'antique droit d'asile ; son horizon doit s'étendre bien au-delà du monde civil actuel, et même du monde civil tel que pourrait le créer

une haute spéculation philosophique. Ses immu-
nités et ses priviléges, sa charte en quelque sorte
divine, sont d'un autre ordre. Elle est une cité
stationnaire par son principe éternel, progressive
par son alliance toujours subsistante avec les destinées générales du genre humain : elle doit être
la représentation continue de l'ancien monde civil, du monde civil actuel, du monde civil de l'a-
venir, du monde religieux qui embrasse tout le
genre humain dans ses voies préparatoires.

J'ai déja averti que, dans mes données sur l'a-
venir de la société, je mets en dehors les problèmes que peuvent présenter les civilisations de
l'Amérique.

L'Amérique, en effet, fondée sur des éléments
complètement nouveaux dans l'histoire de l'humanité, doit exercer, en ce moment, toutes les
prévisions des publicistes et des philosophes ; mais
ici elle ne peut entrer dans les miennes. Qui eût
cru, lorsque les bandes européennes vinrent égor-
ger les races indigènes, et y transporter ensuite
les races africaines, que la Providence divine
ferait sortir d'une telle conquête les choses que
nous voyons commencer? Dans cette série de
faits si peu prévus, comme dans tout le cours des
événements généraux et particuliers, comme dans
les développements successifs, comme dans toutes
les révolutions graduelles et subites, on trouve

l'accord de la prescience divine et de la liberté de l'homme. L'homme fait ce qu'il veut, la Providence va à son but qui nous est caché. Reste toujours, reste la volonté humaine agissant librement, soit qu'elle obéisse, soit qu'elle résiste; reste enfin, reste, pour la moralité, l'attribution à l'homme de ses actes bons ou mauvais.

. Il a fallu l'expérience de bien des siècles pour arriver à pouvoir se passer de traditions; encore ne s'en passe-t-on pas réellement. Toute la science acquise d'un vieux continent, et tout l'espace territorial d'un continent nouveau, où l'on a fait la solitude primitive, sont des conditions qui n'ont pu se présenter qu'une fois. Il faut bien admettre aussi que le christianisme a fort facilité toutes les organisations sociales improvisées de l'Amérique; le christianisme entré dans la sphère des idées civiles, pouvait seul suppléer à toutes les traditions. L'ancien droit des métropoles, ce droit originairement analogue à celui de la puissance paternelle dans toute sa sévérité, ce droit devait disparaître devant la pensée d'émancipation qui repose dans le christianisme.

En toutes choses, dans tous les ordres d'idées, les faits primitifs, les causes primitives, produisent des effets qui se prolongent et qui durent toujours. La première génération produit les générations successives dans les siècles des siècles. La puissance de la vie se transmet sans s'éteindre, se transforme sans perdre son type originel. Cette sorte de vie virtuelle, pour les races progressives de l'Europe, vient de l'Orient. N'oublions donc jamais que l'Orient est notre berceau cosmogonique et intellectuel.

Les civilisations américaines, quelles que soient leurs origines différentes, nous sont devenues tout-à-fait étrangères, sous ce rapport. Je ne sais si jamais notre vieille Europe entrera dans ce mouvement, je suis peu disposé à le croire. Un principe cosmogonique, qui est la vie même à sa source, est doué d'une force de perpétuité indéfinie qui survit aux opinions et même aux croyances, elle *informe* plus ou moins toutes les institutions qui se succèdent jusqu'à la fin.

La grande erreur du dix-huitième siècle a été de méconnaître cette force de perpétuité, et de nous traiter comme une race née spontanément et sans ancêtres. Cette première erreur a occasioné toutes les autres, dans l'attaque aussi bien que dans la défense, et nous a livrés à une suite de réactions dont il est impossible de prévoir aujourd'hui le terme.

Tel est néanmoins le berceau cosmogonique et intellectuel des civilisations américaines. Ce qui était pour nous une grande erreur, est devenu, pour elles, une vérité. Leur point de départ est le contrat social. Les Numa, les Lycurgue, les Zaleucus, les Aristote, les Platon, qui gouvernent encore, sinon nos doctrines sociales, du moins nos intelligences, ne sont rien pour les Amériques. Les Penn, les Bentham, les Lovingson, sont leurs véritables législateurs; ils n'ont pas besoin de remonter plus haut que Bâcon. Cette jurisprudence romaine, fille elle-même de tant de législations antérieures, traditionnelles ou écrites, cette jurisprudence romaine qui nous tient toujours dans ses indissolubles réseaux, peut leur être inconnue, sans aucun inconvénient. Notre code civil lui-même, si fortement empreint d'idées progressives, ne peut être, pour leurs publicistes, qu'un renseignement scientifique. Leur point de départ, leur sphère d'activité, tout est différent. J'ai donc dû laisser les civilisations américaines en dehors de toutes mes spéculations.

Le troisième livre de la Ville des Expiations sera notre avenir à nous, l'avenir de l'Europe, telle que l'ont faite ses institutions primitives et ses révolutions successives, telle que l'ont faite ses traditions, ses doctrines anciennes ou nouvelles, ses monuments de poésie, d'arts, de littérature.

Il ne peut y avoir de commun que la loi évangélique, destinée à régner sur tout le monde moral.

Ce n'est point une révélation nouvelle que nous devons attendre, mais peut-être nous est-il permis de compter sur une dernière forme d'initiation. Le génie audacieux du Dante suffirait à peine pour nous faire pénétrer dans la cité mystique située au centre de la Ville des Expiations; mais je suis tenu seulement à manifester du siècle futur ce qu'il m'a été donné d'y entrevoir. Nul ne peut aller au-delà de ses propres facultés. Chaque abeille fait sa petite alvéole, et l'harmonie des travaux produit la ruche.

SUITE DE LA DEUXIÈME PARTIE.

§ V.

Prolégomènes de l'Élégie.

Je me suis assez expliqué sur les fables de l'antiquité, et sur les traditions générales dispersées chez tous les peuples, empreintes dans toutes les langues. J'ai donné à comprendre ce que nous devons espérer des progrès de l'archéologie, de la symbolique, de l'exégèse, de la philologie, et de la géologie, pour une histoire vraie du genre humain, antérieure aux temps historiques. Telles sont les Muses qu'il faut à présent invoquer, pour qu'elles nous initient dans les secrets des traditions primitives et des histoires antiques; elles

nous ouvriront non seulement de nouvelles sources de poésie, mais elles étendront encore l'horizon de nos croyances.

C'est ainsi que nous pouvons reconquérir nos
facultés intuitives, retrouver cette brillante synthèse qui fut, à l'origine, le flambeau des intelligences.

Revenons un peu sur nos pas, pour mieux saisir l'ensemble de mes idées.

J'ai dit l'inspiration qui a produit l'Orphée :
c'est la même qui a produit le reste de la Palingénésie, puisqu'elle est fondée tout entière sur la
même pensée et le même sentiment. Tout y est
identique.

J'ai pris, ainsi que je l'ai fait remarquer, la
Grèce primitive telle que les poëtes et les philosophes nous l'ont donnée, c'est-à-dire comme une
civilisation transmise. Les prêtres de l'Égypte disaient à Platon : Vous autres Grecs, vous êtes
d'hier.

Orphée, l'Hercule thébain, Thésée, étaient
contemporains, d'après des traditions avouées par
ces peuples, qui, au reste, avaient consenti à ne
dater réellement que des Héraclides, et dont la
seule ère incontestée soit celle des olympiades,
bien différents des autres peuples qui ne croyaient
jamais entasser assez de siècles pour voiler leur
origine. C'est donc toujours aux Héraclides qu'ils

faisaient remonter leurs institutions; et c'est ce qui rend si difficile toute chronologie antérieure.

Toutefois il est évident qu'ici il y a confusion, même dans cette sorte de chronologie que j'ai nommée idéale. Hercule a fait la contrée, le sol; Thésée a fait l'institution, la cité; l'un est donc un être cosmogonique national; l'autre, un être héroïque national aussi: ce sont deux âges mêlés dans les traditions.

Quoi qu'il en soit, et malgré cette limite des Héraclides, il est impossible de ne pas voir encore là un vieux monde qui finit, et un monde nouveau qui commence. Hercule soutenant le ciel à la place d'Atlas, c'est l'apparition d'une nouvelle race, de nouvelles dynasties royales, d'un ordre de choses nouveau : c'est toujours une époque palingénésique. Le culte du jeune Jupiter succédant à celui du vieux Saturne, n'est qu'une transformation de la même idée. A son tour, selon la remarque déja faite plus haut, le vieux Jupiter devait être un jour détrôné par le jeune Bacchus, le dieu plébéien par excellence; en effet, les plébéiens, dans le mythe civil d'une époque, sont représentés par le sexe passif, par les ménades : nous trouverons un dernier témoignage de cet antique mythe civil dans la loi des XII Tables, où le mot *mulieres,* toujours d'après nos idées, désigne ceux qui ne faisaient point partie de la cité, ceux à qui était interdit le vin, symbole des droits civils, incommunicables. Virgile faisant du Silène, instituteur de Bacchus, un personnage cosmogonique, était, à son insu, l'organe d'une croyance dont nous avons déjà parlé, et dont la tradition, qui ne fut jamais interrompue, reprenait alors quelque chose de son énergie. Le plébéianisme, pour le redire en passant, est tellement la tige même de l'humanité, que les lettres et les arts, honneur et gloire de l'humanité, sont des productions plébéiennes. Mais revenons à ces données antiques, dont nous nous sommes trop écartés par la force d'analogies toujours présentes à notre esprit. Lorsque Ménélas aborda en Égypte, il trouva que Protée régnait sur cette terre merveilleuse. Or Protée était un devin illustre du vieux monde, prophétisant le monde nouveau. C'était donc, encore pour l'Égypte, la fin des temps divins ou des temps fabuleux, ce qui est la même chose, d'après tout ce que nous avons déjà dit.

Ainsi les révolutions de la terre sont exprimées par des personnages cosmogoniques généraux, comme les révolutions locales de chaque région sont exprimées par des personnages cosmogoniques nationaux. Protée est pour l'Égypte ce que l'Hercule thébain est devenu pour la Grèce : j'étais donc autorisé à faire d'Orphée le civilisateur

primitif succédant à tous les personnages cosmogoniques.

Il paraît aussi, d'après l'étude de la géographie
de la Grèce, que, peu avant cette époque, toute la
contrée avait subi de grands bouleversements. La
contrée elle-même était donc nouvelle. Peut-être
l'Euxin s'était-il récemment ouvert avec violence
les portes de la Méditerranée, appelée alors le
grand Océan. Les déluges d'Ogygès, de Deuca-
lion, la mobilité des roches Cyanées, l'île de Dé-
los flottant sur les mers, les combats des géants,
sont de poétiques attestations d'une catastrophe
locale dont la mémoire n'aura pas tardé à être con-
fondue avec la catastrophe générale qui a laissé
sur la terre d'irrécusables monuments.

Les mystères cosmogoniques de la Samothrace,
par leur forme austère, indiquent une origine de
misère et de malheur. Les Cabires conservaient,
sans doute, dans leurs tristes grottes quelques la-
mentables débris des traditions antérieures au
bouleversement.

Nous avons vu, déja, que quelque chose de
sinistre repose dans toutes les traditions primitives, et j'en ai fait connaître la raison. Les fables
de l'âge d'or sont des fables postérieures, italiques
plutôt que grecques, et qui ne s'appuient point sur
des traditions unanimes et revêtues du caractère
imposant de l'universalité, à moins que ce ne soit

un emblème des temps antédiluviens, ou plutôt un souvenir confus de l'état qui a précédé la déchéance. Un fait bien plus primitif et bien plus généralement adopté, c'est la misère de l'espèce humaine, au commencement, et la haine de la propagation, qui en est le résultat. Platon, lorsqu'il plane également sur la fable et sur l'histoire, nous offre de grands sujets de méditation à cet égard. Ainsi les premiers hommes, qui ont suivi la grande catastrophe, errants, isolés, n'auraient multiplié que par hasard, par un hasard quelquefois assez rare; le mariage lui-même serait un fruit de la législation, non seulement sous le rapport de l'ordre et de la sainteté, mais même sous le rapport naturel. J'ai dû, au reste, dans le livre de la Samothrace, ne pas oublier cette terrible antipathie pour la société conjugale. Plus tard, au contraire, les hommes ont colorié de toute la force de leur imagination le penchant des deux sexes l'un pour l'autre. Ils ont d'abord voulu l'encourager, et je pourrais en apporter des preuves qui feraient rougir la pudeur; ensuite ils en ont fait la source des plus doux sentiments. L'amour en est résulté, l'amour tel que nous le connaissons, tel qu'il est peint dans nos poëtes; mais aussi l'amour qui, dans une plus haute sphère est une des grandes puissances de la nature et de l'ame.

La secte d'Épicure avait vivement accepté la

fiction de l'âge d'or; par la même raison, des philosophes du siècle dernier ont voulu faire une
peinture séduisante de ce qu'ils ont appelé l'état
de nature. L'erreur des uns et des autres est
absolument semblable.

Voici donc ce qui me paraît être la vérité :
l'homme est tenu de s'approprier la terre, puis de
se faire lui-même; son développement est un travail sans relâche et sans repos; son initiation a commencé par le degré le plus infime; mais je dois me
hâter de répéter que les traditions dépositaires
d'une révélation primitive n'ont été, nulle part,
entièrement abolies; que le souvenir, plus ou
moins altéré, s'en est réveillé lorsqu'il a été temps;
que c'est ce qui explique les missions divines, chez
les Gentils, comme, par exemple, celle d'Orphée;
enfin, que Dieu n'a jamais détourné sa face de son
ouvrage, et qu'il a seulement voulu que l'homme
méritât, soit l'amélioration de ses destinées, soit
sa réhabilitation, soit sa gloire immortelle.

Les catastrophes physiques du globe, dont on
trouve tant de monuments de différents genres,
imprimèrent sans doute dans le cerveau des hommes qui en furent témoins, et qui leur survécurent, une sorte de désordre intime qui se perpétua
long-temps par la voie de la génération. De là les
fables monstrueuses que l'on trouve toujours près
de ces terribles époques. N'oublions pas toutefois

de signaler également les tropes qui ont pu résulter quelquefois du langage né de l'hiéroglyphe.

Ces fables monstrueuses tiennent enfin à l'antique superstition relativement au mélange des races;
et ici nous pourrions encore remonter à l'origine
d'une distinction primitive, dont le signe réside
dans la forme même du mariage. Ce point fondamental de toute histoire antique sera mis, plus
tard, hors de toute discussion. Nous expliquerons,
quand il en sera temps, ce que les austères patriciens de Rome entendaient par cette expression si
énergique, *natura secum discors*, expression qui,
à elle seule, raconte tout un ordre de choses.

Ajoutons à présent que je ne sois quoi de sinistre se manifeste aussi aux époques de transformation et d'avancement des sociétés humaines.
L'éducation du genre humain est toujours dure,
parcequ'elle contient toujours la double condition
de l'expiation et du progrès acheté par l'effort,
même par la douleur. Remarquons, avant de finir
sur ce sujet, que plusieurs des premières hérésies
chrétiennes, héritières en cela des traditions douloureuses que nous venons d'indiquer, avaient au
nombre de leurs dogmes la haine de la propagation, sentiment d'une terreur profonde qu'il faut
bien faire attention de ne point confondre avec
ceux d'une pureté et d'une piété exaltées.

Un des esprits les plus mélancoliques qui aient

jamais existé, et qu'à mon avis, on a trop confondu dans l'anathème porté contre les incrédules, Boulanger avait recueilli dans les archives de notre race malheureuse tous les monuments de nos longues calamités, pour en composer une sorte d'histoire funèbre du genre humain. Je suis loin, bien loin d'entrer dans les conséquences de son système de désolation, et je desire, par-dessus tout, que de l'ensemble de mon ouvrage il sorte un cri de bénédiction pour la Providence, une prière profondément filiale pour le Père commun des hommes, un hymne nouveau pour le Dieu créateur et conservateur. Boulanger a classé toutes les traditions générales du genre humain; il en a montré successivement, parmi les différents peuples, l'esprit commémoratif, l'esprit funèbre, l'esprit mystérieux, l'esprit cyclique, l'esprit liturgique. Toutes les fêtes religieuses, d'après ces classifications elles-mêmes, et par des raisons qui entrent complétement dans le système de mes idées, commencent par des cérémonies de deuil, et finissent par des cérémonies qui expriment l'alégresse; elles sont donc des types identiques; et cette identité, c'est ce que j'appelle la pensée palingénésique, la pensée de fin et de renouvellement, qui est l'anneau unique où s'attachent toutes les innombrables traditions. Les fêtes séculaires, les jubilés, les calendriers, portent l'empreinte de cette pensée identique et universelle. Boulanger, toujours préoccupé de sa plainte amère, n'avait recueilli de ses savantes recherches que les plus tristes résultats. C'est ainsi que le despotisme oriental avait été, pour lui, une imitation funeste de ce destin de fer qu'il voyait, par-tout et dans tous les temps, peser sur la race humaine, sans qu'il pût concevoir un espoir d'amélioration. Les rois étant les représentants de Dieu, et l'image de Dieu n'étant qu'une image de terreur aveugle, il fallait armer la majesté royale d'une terreur aveugle et silencieuse. Toutes les volontés devaient être brisées, et toute liberté morale anéantie. Telles sont les fâcheuses directions d'un esprit inquiet, qui n'avait pu voir que le côté malheureux des destinées humaines. Et cependant, moi qui puise incontestablement aux mêmes sources, pourquoi ne trouvé-je que des raisons d'adorer avec amour? Je réponds par l'ensemble de cet ouvrage.

Boulanger, au reste, a fort bien vu que les usages de l'antiquité ont besoin d'être expliqués, à-la-fois, par leur forme extérieure, et dans leur essence même, et non dans l'application que chaque peuple en a faite. C'est ainsi qu'un mot, passé d'une langue antérieure dans celle qui lui a succédé, souvent est, selon notre système d'idées, un témoin vrai, quoique d'abord inaperçu, d'une chose qu'il a cessé de représenter.

L'époque d'Orphée, on l'a vu, est une des premières époques palingénésiques du monde, considéré en dehors de l'application spéciale à nos propres traditions religieuses ; j'en ai esquissé la peinture, mais dans des données qui ne pouvaient être que très vagues et très obscures, par les motifs que j'ai expliqués. J'avais sur-tout besoin de rester constamment dans la spéculation poétique la plus générale.

Nous sommes arrivés aussi à une époque palingénésique, et la Ville des Expiations est un tableau par lequel j'ai voulu signaler les principales tendances de cette époque. C'est à regret que j'emploie ici ce mot de tendance pour exprimer ce qui se remue de si profondément religieux dans les ames élevées.

L'élégie est destinée à représenter le moment de transition, moment si cruel pour l'homme, qui sent toute sa nature ébranlée. J'ai voulu peindre ce malaise général qui saisit les peuples dans ces jours, dont la mémoire est ensuite consacrée par des solennités publiques, dans ces jours de fin et de rénovation où les anciennes croyances sociales s'éteignent pour être remplacées par de nouvelles croyances, où une partie des hommes vit encore dans le passé, pendant que l'autre s'avance vers l'avenir. J'ai dit à dessein croyances sociales, car, pour les croyances religieuses, j'en ai la confiance, elles ne peuvent qu'être affermies. Toute ma pensée finira par se développer.

Et remarquez bien ceci, qui est le caractère propre des époques palingénésiques. Tantôt ce sont des signes dans le ciel, tantôt ce sont des voyants, qui sont en sympathie avec le siècle futur. Un vif sentiment de ce qui est donne le sentiment de ce qui sera, comme la pensée, si elle pouvait être rendue intelligible avant d'être manifestée par la parole. Il y a des hommes en avant du siècle, il en est même qui sont en avant de l'existence actuelle, et qui participent déjà de l'existence future. Les initiations sont successives. L'homme en qui existe cette faculté de l'avenir est introduit plus tôt dans le siècle futur, ou même dans la vie à venir. C'est, comme nous l'avons dit, l'homme dispensé d'un grade ou d'une épreuve, dans la cérémonie emblématique de l'initiation. Cette faculté de voir ce qui sera dans ce qui est, fut toujours un moyen d'avancement pour tous, car toujours ceux en qui réside cette faculté sont tenus de parler aux autres; c'est donc une sorte de demi-révélation, que la Providence répartit avec mesure, et qui fait aussi marcher les hommes sans attenter à leur liberté. Toutes les destinées humaines sont analogues entre elles. Chaque homme a un but à atteindre. Selon que chacun est plus ou moins élevé, chacun a un but différent. Ce qui est ordonné à chacun, ce n'est pas d'atteindre le but qui ne lui apparaît pas, c'est d'atteindre le but qui lui apparaît. Sur cette terre, et dès à présent, il est évident qu'il y a une hiérarchie d'esprits humains, qui se prolonge au-delà de cette vie; mais tous arrivent, les uns plus tôt, les autres plus tard. Nous sommes tous appelés au même héritage. Ce qui s'est passé à l'égard des sociétés est un emblème de ma pensée. Il y a aussi une sorte de seconde vue pour le monde des intelligences.

A ces époques de fin et de renouvellement surviennent, ou se réveillent les traditions apocalyptiques, lesquelles sont toujours la prévision d'un triste dénouement pour un drame si tristement commencé, lorsqu'on ne le considère que, comme Boulanger, dans la sphère de l'histoire, ou, comme lord Byron, dans la sphère de la poésie; mais lorsqu'on le considère dépouillé d'espérances immortelles, alors naissent les prédictions sur la fin des temps, sur la conflagration de notre pauvre planète rejetée dans l'immensité de l'espace, comme un charbon éteint. Nous n'avons pas été exempts de cette sorte d'exaltation mélancolique, poussée quelquefois jusqu'au plus déplorable vertige, lorsqu'elle devient contagieuse parmi les multitudes épouvantées.

Pour voir une telle image, le relief d'une telle

situation, considérez l'état où se trouve réduite la capitale de deux passés. Rome va être envahie par la solitude comme Jérusalem. La ville que l'on nomme encore la Ville éternelle, aurait-elle accompli toutes ses destinées? Deux sceptres différents ont été remis entre ses mains. L'un est brisé depuis bien des siècles, l'autre échappe aux mains de cette reine des nations. Un air malfaisant s'avance sur elle comme les sables du désert sur Palmyre. L'homme cesse d'y lutter de cette lutte opiniâtre que j'ai voulu peindre dans un des livres d'Orphée; et cette lutte est une des conditions auxquelles la terre lui a été donnée. La Genèse le dit. Rome a vu périr successivement et la civilisation de sa forte république, et celle de son grand empire qui pesait sur l'univers, et celle du moyen âge qu'elle seule a pu dompter. Une circonstance peut sauver Rome d'une destruction complète, et empêcher que la basilique de Saint-Pierre ne devienne bientôt l'asile de reptiles immondes, d'oiseaux effrayants; il faudrait que la terrible charrue des révolutions, après avoir retourné le sol fécond de l'Italie, remuât encore profondément cette terre de plusieurs âges de volcans.

Oui, j'en ai la conviction intime, il y a dans cette vieille Italie tous les éléments nobles et généreux qui peuvent produire un grand peuple.

Vienne le moment où elle pourra s'affranchir du joug si profondément démoralisateur de l'étranger! Il y a long-temps qu'on l'a dit, puisque c'est à propos des projets d'Henri IV: C'est être le maître des Italiens que de leur rendre la liberté.

Voyez un autre spectacle digne de votre attention. Dans ces derniers temps, un nouveau Titan, confiné au milieu des vastes mers, est mort seul sur un rocher. Celui-ci a voulu faire autrement que Prométhée. Prométhée, c'est le génie civilisateur, le génie du progrès et de l'avancement, enchaîné par la destinée inexorable. Buonaparte, c'est le génie égoïste, qui veut que le monde entier soit employé à élever le piédestal de sa statue isolée; et cette statue isolée a eu le sort du fameux colosse à la tête d'or et aux pieds d'argile. Buonaparte trouva beau de combattre la civilisation avec les armes fournies par elle-même. Il voulut faire rétrograder les sociétés humaines dont il était le plus éclatant produit. Buonaparte a légué au monde cet esprit de retardement qui ne meurt jamais, contre lequel l'homme doit perpétuellement combattre, sans prendre aucun repos, comme il doit perpétuellement combattre contre les forces de la nature, et toujours sans prendre aucun repos. Sitôt qu'un homme se décourage dans les épreuves de l'initiation, il s'affaisse dans sa propre misère, il se complaît dans son abrutissement, il cesse, en quelque sorte, d'être une créature humaine : il en est ainsi d'une nation.

Buonaparte ne fonda pas dans l'avenir, et le présent lui est échappé. Grande leçon ! Il a disparu seul. Il a brillé un instant comme un météore étranger à notre système social. Nul peuple ne dit : C'est sa pensée sympathique qui nous gouverne.

Les souverains n'ont secoué le joug de Buonaparte qu'en affranchissant les peuples, ou en promettant de les affranchir, ou enfin en reconnaissant l'émancipation de ceux qui s'étaient trouvés dans des circonstances telles qu'ils s'étaient affranchis par le fait. Les peuples ont, plus qu'on ne croit, l'instinct de la conservation, mais c'est toujours par la voie de la liberté. L'ordre est un besoin des peuples, et ils ne peuvent manquer de satisfaire à ce besoin, lorsqu'on les laisse accomplir une révolution devenue nécessaire, sans la contrarier en ce qu'elle a d'utile et de bon. Les princes ne savent pas prévenir une révolution, parcequ'ils ont perdu la faculté d'instituer. Voyons-nous, en effet, à présent, des princes faire des peuples ? N'oublions pas ceci, pour la suite ; il n'est pas temps encore de s'arrêter sur cette considération, qui est cependant d'une si grande importance.

Reportons notre pensée sur les circonstances qui ont servi à l'affranchissement graduel des peuples modernes. Le bienfait des croisades fut loin d'être prévu; mais les communes étaient fondées, et le bienfait subsista : d'ailleurs, les classes privilégiées donnaient trop d'inquiétudes au pouvoir. Buonaparte, une fois renversé, le bienfait n'a pas subsisté, parceque rien n'a été fondé. Les souverains de l'Europe ne parviendront à civiliser l'Asie qu'en affranchissant leurs propres peuples.

Depuis l'émancipation par le christianisme, le génie de l'avancement est disséminé dans le monde; mais il y est répandu parmi une multitude qui est désarmée. Le génie du retardement, au contraire, est concentré dans le petit nombre, mais dans le petit nombre armé de la puissance sociale, de la force d'organisation. A l'origine des sociétés humaines, le génie du progrès était dans le petit nombre, et c'était la multitude qui y apportait des obstacles. Ce génie bienfaisant finissait par remporter la victoire, même sur les forces légales et organisées, parcequ'il est de la nature du genre humain d'avancer toujours. Le petit nombre, exécutant les arrêts du génie du retardement, agit donc contre la nature du genre humain. Il finira par être vaincu. L'initiation n'est plus confiée à quelques uns, elle repose dans tous, parceque tous entrent dans les mœurs générales, parcequc l'ordre légal appartient à tous. Les peuples émancipés par le christianisme auraient déja triomphé, s'ils avaient compris qu'ils devaient se réunir dans une seule pensée, et que cette pensée devait être une pensée religieuse. Les hommes du retardement, les uns par une erreur de conviction, les autres par un coupable calcul, ont invoqué la Providence : ils ont au moins cherché l'appui du fait religieux, ils ont pris le bouclier de la théocratie. Les hommes de l'avancement n'ont compté que sur leurs propres sentiments, sur l'énergie de leurs volontés. Quelquefois même, trompés par l'abus que leurs ennemis faisaient d'une intervention religieuse, vraie ou hypocrite, mais, dans tous les cas, hors de nos temps, ils se sont précipités dans la révolte de tout principe religieux. Le mal est des deux côtés; mais la seule invocation à la Providence est douée d'une puissance infinie, parceque son nom seul est plus fort que toute la force humaine, comme la seule révolte contre la Providence, par le fait même de cette révolte, brise et dissout toute force. La foi s'attache au signe de la foi. Nous lisons dans la Genèse, qu'une bénédiction frauduleusement obtenue n'en subsista pas moins. Rappelons-nous la belle comparaison d'Homère, la chaîne d'or. Une antique superstition juive, ou plutôt rabbinique, attachait les plus hautes vertus au simple acte de prononcer le nom incommunicable et sacré de Jehova. Tant que Troie conserva son palladium, c'est-à-dire le signe de son individualité religieuse, les flots de la Grèce vinrent se briser au pied de ses remparts. Lorsque les anciens peuples faisaient le siége d'une ville, ils commençaient par conjurer les dieux de cette ville pour qu'ils l'abandonnassent. Job se plaignit de la Providence, mais il reconnut aussitôt l'injustice de sa plainte, et les calamités se retirèrent de lui. J'entasse les exemples de tous les genres, parcequ'ils témoignent de l'unanimité d'un même sentiment: c'est dans la direction de mes idées. Je ne veux point, pour cela, mêler le sacré et le profane. D'ailleurs il faut bien dire que la force morale est l'alliée sympathique de la force religieuse. C'est une leçon que je donne aux peuples de l'Europe actuelle, à qui, au reste, l'unité du sentiment religieux est devenue très facile par le christianisme. Les peuples de l'Amérique, les États-Unis, ont commencé par prendre Dieu à témoin de la justice de leur cause ; ils se sont mis sous la protection du Dieu de la liberté, du Dieu des chrétiens.

Selon un ancien poëte, et le goût que j'ai dû contracter pour cette première forme de la sagesse doit me faire pardonner l'emploi d'une telle allégorie ; selon un ancien poëte, la force finit par s'asseoir sur le trône de Jupiter : traduire ceci en langage philosophique, cela veut dire que le fait ne peut régner qu'à la condition de s'ériger en droit. Je viens de dire une leçon pour les peuples; voici maintenant la leçon pour les dépositaires du pouvoir.

Dynastie veut dire force; c'est la force sociale. Ce nom fut d'abord appliqué aux gouvernements héroïques; il passa ensuite avec son énergie primitive dans les gouvernements réguliers, c'est-à-dire dans les gouvernements de l'humanité. L'Égypte et l'Étrurie, dans les temps les plus reculés, furent partagées en dynasties.

L'essence, la nature du pouvoir, ont changé: gradué selon l'origine et le principe des divers gouvernements de l'humanité, l'assentiment de fait, ou l'assentiment légal, en est devenu une condition nécessaire.

Le pouvoir fort gouverne avec plus d'assentiment que le pouvoir faible, parcequ'un instinct qui ne trompe pas veut que chaque chose soit dans sa nature. Celui qui doit obéir veut une raison de son obéissance. L'autorité, même l'autorité paternelle, a besoin d'être juste.

Le gouvernement faible manque à sa mission, puisqu'il est inhabile à protéger.

La sanction du pouvoir de celui qui commande est donc dans l'assentiment de celui qui obéit: c'est en cela que réside la force sociale, antique acception du mot dynastie. N'avons-nous pas vu, plus haut, que même la sanction de celui qu inflige le châtiment est dans l'assentiment de celui à qui il est infligé avec justice?

Tous les ordres de civilisation sont fondés sur cette sanction. Dans les temps de crise, ce qui fait la crise, c'est l'affaiblissement de la sanction. Les raisons du pouvoir ne sont plus évidentes; elles sont discutées et contestées. Lorsque l'initié sait tout ce que l'initiateur peut enseigner, il y a progrès; donc il y a lieu à constater le progrès en légalisant une transformation sociale.

Les dynasties sont tenues de représenter la société qu'elles ont à gouverner. Refuser d'ériger le fait en droit, c'est-à-dire de légaliser le fait, de constater la transformation sociale dès qu'elle est opérée, c'est tout à-la-fois créer et amnistier d'avance la révolte. Ainsi, représenter la société qu'elle est appelée à gouverner, telle est la mission auguste de toute dynastie; et c'est dans le sentiment seul de cette mission que réside l'infaillibilité. Le pouvoir, quoi qu'en dise M. de Maistre, n'est donc infaillible qu'à la condition d'être l'expression vraie de ce qui est.

La sibylle de Samothrace, dont j'ai déja parlé, est un emblème de cette doctrine professée par moi dans l'Homme sans nom, sorte d'apologue par lequel je préludais à ma philosophie palingénésique, et qu'à cause de cette analogie, je me propose de réimprimer, pour le comprendre dans la même publication.

La sibylle, par sa nature cyclique, a, comme nous l'avons vu, son existence liée à une forme de civilisation. Lorsque cette forme doit périr, le sens prophétique abandonne la sibylle, et, pour elle, le sens prophétique, c'est la vie. Elle meurt donc, ainsi que le lierre, lorsque l'arbre qui est son appui vient à mourir. Ou plutôt, c'est l'Hamadryade dont la vie est celle de l'arbre même.

Une dynastie ressemble-t-elle à la sibylle de Samothrace ? Sitôt que la faculté de représenter la société lui est ravie, ou, en d'autres termes, sitôt que la société subit une transformation avec laquelle la dynastie n'est pas en sympathie, cette dynastie devient-elle comme la sibylle dépouillée du sens prophétique ? Nous verrons, plus tard, ce qu'est, dans une telle donnée, le Testament de Louis XVI et la Charte de Louis XVIII ; et, à propos du mot si puissant d'*auctoritas*, chez les anciens sages du vieux Latium, nous aurons à déterminer les véritables attributions du législateur.

Finissons cette partie des prolégomènes par un mythe, sorte de langage auquel nous avons dû nous accoutumer. La révolution française est le chaos cosmogonique, le combat toujours énergique et souvent aveugle de tous les divers éléments sociaux entre eux. Une pensée intime travaillait en silence à organiser ces éléments confus, pour leur faire produire le nouvel ordre de choses, l'évolution palingénésique du genre humain.

L'Élégie enfin est une peinture de la chrysalide sociale actuelle.

FIN DE LA DEUXIÈME PARTIE.

§ VI.

Un mot sur les notes et développements.

J'ai indiqué, dans la préface, la raison qui m'a porté à terminer par des notes et développements. Il suffit donc de quelques mots pour finir cette partie des prolégomènes.

Je me suis assez souvent, comme on a pu s'en apercevoir, trouvé obligé de faire des digressions, d'entrer dans des explications; ici, de revenir sur mes pas, là, de faire prévoir ce que j'avais à établir plus loin; je n'ai pu enfin tout dire à la fois; c'est là l'inconvénient de la parole humaine, qui, par sa nature, est successive, et qui, sous ce rapport, est quelquefois une image incomplète de la pensée. C'est pourquoi j'ai cru devoir renvoyer à des notes tout ce qui s'applique simultanément à plusieurs ordres d'idées, à plusieurs systèmes de choses; j'ai cru devoir y renvoyer également ou les faits et les principes qui m'auraient trop détourné de ma route, ou ceux qui avaient besoin de préparation pour être compris.

Les notes et développements sont donc une partie néces.. ire de cette composition variée dans ses formes, une et identique dans son ensemble.

Il est bien temps de rentrer dans des considérations générales; ce sera l'objet de la troisième partie, qui suit.

TROISIÈME PARTIE.

L'homme des doctrines anciennes, le prophète du passé, vient de mourir. Ses écrits, pleins de verve, d'originalité, de véritable éloquence, de haute philosophie, attestent l'énergie dont fut douée cette civilisation qui se débat encore dans sa douloureuse agonie, et que l'on voudrait en vain ressusciter. Paix à la cendre de ce grand homme de bien! Gloire immortelle à ce beau génie! Maintenant qu'il voit la vérité face à face, sans doute, il reconnaît que ses rêves furent ceux d'une évocation brillante, mais stérile et sans puissance. Il voulut courber notre tête sous le joug d'un destin fini. La foi qui opère tant de prodiges ne peut pas faire celui-là; elle ne peut pas que ce qui est progressif soit stationnaire, que le passé soit le présent. Ah! c'est bien au rigide néoplatonicien de notre temps qu'il est permis de dire,

comme jadis à l'ombre du magnanime Hector :
« Si la ville de Troie, condamnée par la cruelle
« fatalité des choses humaines, eût pu être ga-
« rantie de la ruine, ton bras, généreux guerrier,
« ton bras aurait opéré ce prodige. » Tant il est
vrai qu'un sentiment qui cesse d'être général, se
réfugie avec violence dans un petit nombre d'esprits élevés, et, ainsi concentré, trouve encore
d'admirables organes. C'est le flambeau qui jette
une vive et dernière lumière, avant de s'éteindre.
C'est la vie qui rassemble encore une fois ses forces, pour échapper à la mort.

Mais je me trompe ; c'était sous Louis XIII que
les livres de M. de Maistre devaient paraître ; ils
eussent peut-être empêché de porter les derniers
coups à la civilisation du moyen âge, à cette for-
midable féodalité, que nos rois, las de lui devoir
leur sceptre, avaient été, durant plus de trois
siècles, sans cesse occupés à désarmer. Depuis
Louis XIV, en effet, la monarchie française était
un véritable interrègne, car l'institution si vigou-
reusement et si glorieusement improvisée par ce
prince, avait péri avec lui. Cela devait être. Il
avait renversé sans élever ; il avait réglé le présent,
sans régler l'avenir. Il fut roi, et il fallait être législateur. La personnalité sur le trône, quelque
éclatante qu'elle soit, ne produit que les fruits in-
féconds de la personnalité. Ce n'est jamais en vain

que l'homme général conserve, sous les insignes
du pouvoir, les étroites passions, les puériles va-
nités de l'homme individuel. Un tel homme ne
doit pas se faire centre, il doit l'être. Louis XIV,
dans la dernière moitié de son règne, fut condamné à se survivre, exilé, en quelque sorte, au
fond de ses palais, par sa royale misère et par les
infortunes de ses peuples. Le temps était donc
venu de substituer un autre principe à celui de
l'institution féodale, trahie ou vendue de toutes
parts, et qui ne devait plus avoir d'asile que les
splendeurs pâlissantes de Saint-Germain, ou les
pompes nouvelles de Versailles. On ne sut trouver
que le droit divin, tel que l'avait expliqué Bossuet, en présence, et, pour ainsi dire, sous les
yeux de la révolution anglaise. C'était la première
fois qu'on faisait, de ce droit, en Europe, un principe théocratique semblable à celui qui gouverna
les Juifs; et, par une contradiction inouie, on niait
en même temps au pouvoir religieux la suprématie
de ses prérogatives. On élevait donc un édifice
qui manquait de base, qui ne pouvait s'asseoir sur
aucun fondement. Ne faudrait-il pas s'étonner de
ce qu'on continua de laisser dans l'oubli la seule
loi qui pût fonder, la loi de l'émancipation de l'É-
vangile, de l'affranchissement de la tutèle, prêchée
par saint Paul lui-même? M. de Montlosier a donc
raison de blâmer l'établissement monarchique de

Louis XIV, quoique ce soit dans d'autres intérêts
et d'autres vues. Ce premier pas, dans une si mauvaise route, devait nous faire graviter vers l'unité
du pouvoir, qui est si près du despotisme de l'O-
rient, lorsqu'il n'est plus, et qu'il ne peut plus être
le pouvoir patriarcal du père de famille, étendu
de la tribu au peuple. L'affranchissement des communes et l'abolition de la puissance féodale devaient avoir un autre résultat, par la nature même
des choses ; et la révolution française est survenue,
à l'improviste, sans avoir été ni préparée, ni mûrie
dans la haute sphère des traditions sociales. Si
elle se fût bornée à faire passer l'émancipation
chrétienne de la sphère religieuse dans la sphère
civile, elle n'aurait fait qu'accomplir la loi du
progrès. C'est, sans doute, ce qu'eût voulu faire
Fénélon par M. le duc de Bourgogne, lorsqu'il
serait monté sur le trône ; mais le prophète de l'a-
venir, celui en qui l'amour des hommes, l'intimité
du sentiment évangélique, l'imagination la plus
gracieuse, des souvenirs pleins de poésie, for-
maient un mélange si charmant, ce beau et aima-
ble génie était regardé par le roi absolu comme un
esprit chimérique. La lyre mélodieuse du nouvel
Orphée ne pouvait être entendue sous le règne
corrupteur qui suivit de si près la mort du grand
roi. La révolution est allée au-delà de ces rêves d'a-
mélioration, parceque la transformation sociale,

se faisant trop tard, ne pouvait s'opérer que par des moyens violents et illégaux, et aussi parceque la partie dominante de la société a refusé le remède providentiel qui lui était offert depuis si long-temps en vain, peut-être enfin parcequ'il vient un moment où Dieu n'a plus que des fléaux pour venger ses lois méconnues. Alors la parole est aux événements. Alors le vaisseau des destinées humaines, sans pilote et sans gouvernail, est abandonné à la merci des flots.

Néanmoins, cette forte organisation du moyen âge, toute vivante en Europe, traînait encore, chez nous, sa terrible caducité. Oui, les écrits de l'illustre philosophe piémontais sont le chant du cygne d'une société expirante. Et, chose digne de remarque! le prophète du passé, l'homme des doctrines anciennes, est mort paisiblement, aux côtés de son vieux souverain, la veille du jour où l'orage devait subitement gronder autour des dynasties italiennes, la veille du jour où elles se sont crues obligées de livrer leur pays à l'étranger; et il n'a eu aucun pressentiment de ce rapide orage qui allait forcer son roi à abdiquer une couronne replacée, depuis si peu de temps, sur sa tête, par des événements imprévus qu'il n'avait ni préparés, ni secondés. Peut-être, dans ses derniers entretiens avec son maître, racontait-il le retour d'Esdras après la captivité, l'ancien livre de la loi expliqué de nouveau sur les ruines du temple, le peuple d'Israël brisant des liens illicites, renvoyant des épouses qui ne lui avaient pas été données par la loi de ses pères, tenant d'une main la truelle, et de l'autre le glaive, pour relever et défendre à-la-fois ses murailles démolies par de barbares vainqueurs: tant les analogies incomplètes ne servent qu'à tromper les hommes, et à fasciner les esprits les plus élevés! Mais c'était la patrie qu'Esdras faisait sortir du tombeau; c'était une proie qu'il ravissait à l'étranger. Qu'eût-il dit, cet homme d'un autre âge, s'il eût vu, quelques jours après, la Grèce, soulevant d'elle-même le poids de ses fers, et cherchant à se rajeunir, après tant de siècles de l'oppression la plus ignomi-nieuse! Ainsi les deux grandes métropoles du monde moderne, de l'Europe chrétienne, Rome et Constantinople, se trouvent, à-la-fois, battues par les flots d'une mer inconnue, les flots d'une civilisation naissante, d'une civilisation à qui l'avenir est promis. Le prophète du passé s'est endormi la veille du jour solennel, il s'est endormi au sein de ses souvenirs, qu'il prenait pour des prévisions; et les réalités de son temps ne lui ont été révélées qu'avec les grandes réalités des pensées éternelles. Mais n'a-t-il pas dû éprouver quelque doute, lorsque sa tête reposait sur l'oreiller de son lit de mort? N'avait-il pas eu le temps de savoir que l'Espagne se levait pour faire un pas vers l'Europe, dont elle se sentait trop séparée, et que le Portugal venait d'abolir la peine de mort, signe, selon lui, si funeste, signe de ruine et de décadence? N'avait-il pas jeté un œil inquiet sur les Amériques voulant entrer dans l'indépendance qui seule peut constituer un peuple?

Non, ce grand homme de bien, ce noble théosophe, ce vertueux citoyen d'une cité envahie par la solitude, n'avait reçu d'oreille que pour entendre la voix des siècles écoulés; son ame n'était en sympathie qu'avec la société des jours anciens. Il ne savait point distinguer ce cri si parfaitement articulé de l'avenir; il n'entrevoyait rien des destinées nouvelles; les peuples ne pouvaient le comprendre, car il avait cessé de parler leur langage. Mais les rois se sont réveillés pour prêter à des rêves de l'antre de Trophonius l'appui de toutes les forces sociales les plus diverses et les plus opposées. Les oracles qui s'étaient tus, comme au temps de Plutarque, recouvreront la faculté de parler, comme au temps de Julien.

Toutefois, il faut bien le dire, M. de Maistre n'a point erré dans les routes obscures du passé. Il a vu tout de suite, pendant que les chefs des peuples ne faisaient qu'entrevoir, il a vu que la féodalité ne pouvait ressusciter. Dès-lors il s'est hâté de gravir au plus haut sommet du principe théocratique; il avait compris d'avance que c'était le seul moyen d'éviter le piége où le fier génie de Bossuet s'était laissé honteusement prendre. Il a dédaigneusement repoussé l'inconséquence des transactions, pour marcher plus directement au règne de l'immobilité. Il a franchi, d'un saut, les débris de l'empire de Charlemagne, pour aller prendre des armes dans le camp de Constantin. Il a convoqué de nouveau les peuples et les rois sous le *Labarum*, devenu non plus le signe vivificateur de l'affranchissement, mais le signe silencieux du pouvoir sacré. Il a redemandé au vatican d'Hildebrand ses foudres usés dans de glorieux combats livrés à la multitude des tyrans du moyen âge; il les a redemandés pour en armer la main débile du vieux prêtre dont nous n'avions su admirer naguère que la douceur évangélique.

Bossuet, dans sa Politique sacrée, livre admirablement beau, composé en entier de centons de l'Écriture sainte, Bossuet a essayé de faire revivre la loi abolie, puisqu'il prend ses exemples et ses régles dans la théocratie juive, renversée par la mission de Jésus-Christ; mais, dans d'autres écrits, il a fait de vains efforts pour assigner des limites à une puissance qui ne peut pas connaître de limites.

Moïse initia un peuple; le Christ initia le genre humain : Bossuet et M. de Maistre ne parviendront point à nous ravir le bienfait de ces deux initiations, devenues notre inaliénable héritage.

Ne soyons point étonnés si, encore à présent, si, depuis la promulgation de la loi de grace, M. de Maistre a continué à ne connaître, pour le monde, d'autre salut que le salut par le sang. Au dix-neuvième siècle de cette loi de grace, inspiré encore par le génie redoutable du châtiment et de la peine, il a osé peindre le bourreau comme l'horreur et le lien de l'association humaine. «Otez du monde, et c'est en frémissant que je r trace de telles expressions, ôtez du monde cet agent incompréhensible, dans l'instant même, l'ordre fait place au chaos, les trônes s'abyment, et la société disparaît. » Ne soyons point étonnés si le fléau de la guerre est une des terribles harmonies du monde social; car il nous apprendra qu'il y a dans le sang humain répandu sur la terre, une vertu secrète, une vertu d'expiation.

Juste ciel! faudra-t-il donc rétrograder jusqu'aux jours des sacrifices sanglants?

Ce qu'il faut bien remarquer, et remarquer pour une haute instruction, c'est que M. de Maistre n'a nulle pitié des hommes. Il est inexorable à l'égal de la destinée, et point miséricordieux comme la Providence. D'après les poëtes chrétiens, si les anges exécutèrent la sentence contre

l'homme déchu, ils ne l'exécutèrent qu'en pleurant. Cela est vrai, la Providence exécute ses lois
en pleurant, lorsque ses lois sont rigoureuses; la
chute et la rédemption ne forment qu'un seul et
même dogme, par lequel encore le Réparateur
promis doit être fils de l'homme déchu.

Le caractère farouche de l'antique patricien,
type tout-à-fait primitif, s'est donc retrouvé, dans
notre temps, avec toute sa poésie; et pourtant
cette poésie n'a point la rudesse des époques cy-
clopéennes, parcequ'elle a été polie, malgré elle,
par l'étude de Platon, par l'ensemble des mœurs
chrétiennes. On y retrouve néanmoins toujours
ce dédain superbe et naïf pour l'humanité; l'humanité, en effet, est un résultat de l'évolution plébéienne qu'il ne pouvait adopter, à laquelle il
était instinctivement antipathique.

Ainsi M. de Maistre était resté complètement en
arrière de la loi de clémence et de grace! ainsi il a
méconnu les développements successifs! Il ne s'est
pas souvenu de ce que Jésus-Christ disait aux
Juifs, en leur expliquant la nécessité, la raison des
dures lois de Moïse. Il a oublié le baptême substi-
tué à la circoncision, double emblême qui exprime tout. Platon lui avait enseigné que la pensée
humaine avait conçu la grande pensée d'un Médiateur, ou plutôt il avait compris que Platon
l'avait puisée dans les traditions générales du

genre humain. Virgile lui avait fait sentir, chez
les païens, l'attente d'un siècle nouveau, et les espérances du genre humain tout entier, espérances
que Dieu voulut disperser parmi tous les peuples
de la terre. Il n'avait qu'une pensée de plus à acquérir, qu'un sentiment intime à écouter, pour
savoir que le sang sacré dont furent arrosés les
sommets du Golgotha avait aboli la loi du salut
par le sang, que la grande rançon du genre humain avait été acquittée. Oui, le sacrifice non
sanglant, fondé par le christianisme, affirme,
chaque jour, que le sacrifice sanglant doit incessamment être aboli parmi les nations chrétiennes.
Il a dit, l'apôtre du passé, que l'échafaud est un
autel élevé sur les places publiques. Cela fut vrai
avant la promulgation de la loi de clémence et
de grace. Cela est encore vrai, tant que cette loi
n'aura pas reçu son accomplissement tout entier,
tant que la peine de mort n'aura pas été abolie
par toutes les nations chrétiennes. Cela est encore
vrai, disons-nous, mais plutôt n'est-ce point déja
une horrible impiété? Expliquons-nous.

La peine de mort n'est que le droit de défense
naturelle, transporté de l'individu à la société. Il
ne s'agit donc point de discuter le droit, mais la
nécessité. Si la peine de mort est nécessaire, elle
est licite. Ajoutons seulement que cette question
étant maintenant discutée, il faut qu'elle soit dé-

cidée dans un sens ou dans l'autre; elle ne peut rester suspendue; l'autorité des siècles et des peuples n'est plus rien en cela; on ne peut rétablir la sécurité de la conviction, et même s'il était possible de la rétablir, il ne faudrait pas le faire, car ce serait un crime; on ne prescrit point contre l'humanité, et sur-tout on ne se joue pas de ses saintes lois. Ne cessons jamais de penser que la société est progressive, et qu'il y a quelque chose de successif dans les révélations de Dieu, et dans les révélations de l'esprit humain.

Encore est-il vrai de dire que l'antiquité ne serait pas unanime, si elle était consultée sur la peine de mort. La loi qui, hors le cas de discipline militaire, exemptait un citoyen romain de la peine de mort, est bien une loi d'immunité et de privilége, comme on l'a dit souvent, et non une loi d'humanité; mais ce n'est qu'en apparence. En effet, dans la réalité, et en creusant au fond, la loi romaine étant faite pour les citoyens romains, et ce qui n'était pas romain, étant, en quelque sorte, hors de l'humanité, il est certain que c'était reconnaître le principe de la suppression de la peine de mort; c'était même l'adopter d'une manière aussi générale que cela était possible dans le temps. Cicéron allume contre Verrès tous les foudres de l'éloquence, parcequ'un citoyen romain avait été frappé de verges, et non point parceque

c'était un homme à qui avait été infligé ce châtiment ignominieux. La plupart des peuples anciens n'ont eu aucun respect pour l'homme même;
il fallait être ou romain, ou grec, ou libre, ou
noble, etc., et, comme a dit Aristote, *le droit suppose l'égalité.* Gloire au christianisme!

J'ai développé ailleurs cette considération, que
le sentiment de l'humanité est nouveau sur la
terre, pris dans le sens général que nous avons signalé, c'est-à-dire pris dans son acception la plus
simple. Gloire encore au christianisme! Gloire à
l'heureuse fécondité de ses principes bienfaisants!

Souvenons-nous des lois si dures de la guerre,
des représailles, du despotisme odieux exercé sur
les colonies par de cruelles métropoles; souvenons-
nous du régime atroce des esclaves... Ceux à qui
l'on crevait les yeux, pour qu'ils n'eussent pas de
distraction en tournant la meule... Ceux que l'on
enchaînait dans une loge pour être portiers, et
qui devaient détacher les chiens dans le besoin,
sans qu'ils eussent la faculté de se détacher eux-
mêmes: encore ces derniers étaient-ils choisis parmi les esclaves dont la fidélité était le plus éprou-
vée. Si l'on eût proposé d'abolir de si exécrables
coutumes, n'aurait-on pas dit: Comment ferons-
nous moudre notre blé? Comment serons-nous sûrs
que nos portes seront bien gardées?... Mon Dieu!
n'oublions pas le code Noir, peut-être le plus in-

fame de tous, le plus infame sur-tout, parcequ'il a été fait par des peuples qui se disaient chrétiens! on frémit de reporter sa pensée non seulement sur le sort qui leur était réservé, mais encore sur les moyens par lesquels ils étaient obtenus. La récolte de ce fatal produit, le trafic, le transport, l'emploi, tout était un phénomène de cruauté et de perversité... A-t-on assez long-temps versé le ridicule sur ceux qui imploraient l'abolition de la traite des nègres? A-t-on assez long-temps répété : Comment ferions-nous cultiver nos colonies?... Il ne faut pas tout dire; car, encore à présent, on aurait besoin de couvrir sa face, pour cacher sa honte.

Et cependant, Dieu déposait au fond des vaisseaux négriers les germes d'un mal qui, sous le nom de fièvre jaune, venait, de temps en temps, jeter l'épouvante parmi nous.

Je citais tout-à-l'heure la loi romaine, relativement à la peine de mort. Avec de l'érudition, je pourrais remonter plus haut. Sabacos, en Égypte, avait, dit-on, aboli la peine de mort. Un autre roi fonda la Ville des Malfaiteurs. Je ne puis approuver l'idée exprimée par une telle désignation. Il faut que le droit d'asile soit complet. Ne flétrissez pas l'homme que vous voulez améliorer.

Dans les peines, on regarde toujours l'utilité de la société; ne serait-il pas temps enfin, comme j'en ai déja exprimé le desir, de compter pour quelque chose l'utilité du coupable lui-même, de ne pas l'exclure de toute confraternité humaine? Si cela est vrai, si cela est juste, comme je n'en doute point, il faut réclamer jusqu'à ce qu'elle soit obtenue; il faut réclamer avec persévérance, avec acharnement, l'abolition de toute peine qui entraîne un effet irrévocable après elle. Ne craignons pas de désoler l'impassibilité de ceux qui veulent continuer de supplier par le sang, par la torture, par la gêne, par les geoliers et les bourreaux. Non, ne nous lassons pas de le redire, non, il ne faut pas, autant qu'on le peut, placer le malheureux sous la loi absolue de l'irrévocable; il ne faut pas lui river les fers de son mauvais destin : c'est bien assez qu'il se place lui-même sous cette loi fatale, et que, trop souvent, il se ferme, de plein gré, tout chemin de retour. Laissons une place au repentir, à l'amélioration morale; et, quelquefois encore, n'en doutez pas, cette place que vous croirez n'avoir accordée qu'à la possibilité du repentir, pourra servir à réparer quelque erreur douloureuse.

Mais allons plus loin. Il est permis de douter de l'utilité des peines rigoureuses, flétrissantes, en un mot, irrévocables; il est permis, dis-je, d'en douter, même dans l'interêt de la société. Il y a des faits nombreux, très extraordinaires, et fort attestés, qui établissent qu'à différentes époques, la vue des supplices a produit sur l'imagination d'un certain nombre de personnes l'effet de créer en elles le besoin d'arriver, par le crime ou par le mensonge, à se donner elles-mêmes en spectacle dans ces cruelles tragédies. Des sectaires, des mélancoliques, n'ont-ils pas cherché aussi par des crimes la gloire d'un supplice qu'ils avaient vu endurer avec une constance de martyr? Le supplice de Jean Châtel fit peut-être Ravaillac. Le coupable sait que, dans nos lois actuelles, il encourt la peine de mort : ne lui laissez donc pas la pensée du danger, pensée si souvent pleine d'attrait, et qui, même dans nos préjugés, pourrait si souvent ennoblir la révolte contre les lois.

L'application de la peine de mort produit le mal moral de porter à croire que le meurtre n'est pas mauvais en soi, mais selon la circonstance. La société s'élève dans l'échelle des idées morales, et elle en est parvenue à celle-ci, que le meurtre, hors le cas de défense naturelle, est toujours un crime.

Au reste, je ne fais qu'effleurer ici la théorie des peines; lorsque j'aurai à fouiller les annales de l'antiquité, pour y puiser des instructions, et ensuite lorsque j'aurai visité la Ville des Expiations, je pourrai m'expliquer avec plus d'assurance. Nous serons mieux en état d'apprécier une multitude de choses, par les idées nouvelles que nous

aurons acquises; je serai aussi plus avancé dans
ma propre initiation; car, il faut bien que je le
dise, les diverses parties de ces excursions palingénésiques sont pour moi-même une suite d'initiations successives dans lesquelles je cherche à
m'associer mes lecteurs. Bornons-nous donc, quant
à présent, à ce qu'il y a de plus général dans cette
haute question, et dans ses rapports seulement
avec la peine de mort.

Dieu a droit de limiter le temps de la vie, c'est-
à-dire la durée de la manifestation de l'homme
dans le temps; cela est incontestable, non seulement parcequ'il est maître de la vie, mais aussi
parcequ'il sait la destinée contingente d'une vie
plus ou moins prolongée, mais sur-tout parcequ'il
connaît l'instant où il est bon que l'ame soit soumise
à une autre série d'épreuves. La société est une institution divine. Le droit d'infliger la peine de
mort, qu'il lui soit concédé, pour un temps, par
la Providence, ou qu'elle se l'arroge elle-même, ce
droit peut être considéré comme une calamité de
plus, à laquelle l'espèce humaine fut assujettie.
Mais une calamité cesse enfin.

Si les langues sont, en effet, une cosmogonie
intellectuelle où soient déposées, d'une manière
synthétique, les archives du genre humain; si une
philologie indépendante est appelée à éclairer
cette cosmogonie mystérieuse, que j'oserais pres-

que dire toute intuitive, et, sous certains rapports, toute prophétique; si enfin la faculté du
langage est la seule qui ne puisse pas être progressive, alors l'intuition et la synthèse ont dû
précéder l'expérience et l'analyse. J'aurai plus
d'une fois occasion de produire, dans ces données, des monuments irrécusables d'un ordre de
choses primitif. M. de Maistre, comme la plupart /
des philosophes de cet ordre, puise aux sources
obscures de l'étymologie, et accorde une grande
puissance à la vertu symbolique des mots. J'ai démontré, à ce sujet, que le signe avait beaucoup
perdu de ses attributions et de son énergie, que
les facultés primitives n'existaient plus dans nos
langues modernes de l'Europe, si lentement pro-
duites par tant d'idiômes, par tant de races, par
tant de siècles. Héraclite soutenait que les mots
étaient des empreintes exactes, ou des images des
choses exprimant les qualités naturelles des objets.
Platon, dans le Cratyle, réfute Héraclite. Cette
opinion n'en est pas moins un des caractères de la
philosophie italique ancienne. Héraclite avait étu-
dié les dogmes de Pythagore. Mais ce n'est point
encore de cette partie cosmogonique des langues
qu'il s'agit ici, partie que Platon devait peu connaître. Quoi qu'il en soit, M. de Maistre, trop
souvent inattentif aux faits nouveaux, a vu, dans
les mots supplice et supplier, une racine com-

mune. Cette identité n'est pas aussi intime que peut le croire l'apôtre du passé; et, dans tous les cas, ce serait, à mon avis, le signe démonétisé d'une forme sociale qui va périr, d'une initiation finie; car, ainsi que je l'ai dit, le moment est venu où le genre humain ne sera plus tenu de supplier par le sang.

Toutefois j'ajouterai ceci à la remarque de M. de Maistre, non pour l'appuyer, mais pour fixer l'époque où elle put être vraie.

Le mot sacré et condamné sont le même mot, dans cette jurisprudence sévère qui succéda partout à l'antique mansuétude traditionnelle. Il s'applique alors aux animaux, aux hommes, et même aux choses. Qu'il soit sacré aux Dieux pénates; c'était la condamnation à mort de l'enfant par le père de famille, dans l'intérieur de la maison. Qu'il soit sacré aux Dieux de la patrie; c'était la formule de condamnation par le magistrat ou par le peuple, pour un délit public. *Sacer esto:* formule célèbre que je me propose d'examiner: qu'il soit anathème; et l'anathème a été conservé dans l'Église, mais avec un sens purement moral, si ce n'est lorsque le pouvoir temporel a osé pervertir les pacifiques attributions du pouvoir spirituel. Cette remarque incidente nous mènerait trop loin. Si je remontais sur-tout, comme j'ai déja dit que je voulais le faire pour l'institution civile, jusqu'à l'origine même des sociétés humaines, j'aurais trop de choses à expliquer sur les meurtres d'un âge primitif, sur les exils volontaires, sur les garanties de l'hospitalité et du droit d'asile, sur les expiations symboliques, sur les formules chantées qui précédèrent les lois écrites; j'aurais donc à apprécier encore, dans les mythes, ce qui est relatif à ce sujet. Puisque je dois rechercher ailleurs, parmi les débris de l'antiquité, les traces d'une théorie des peines, antérieure à toute législation historique, je réserve pour ce moment le soin de compléter les considérations que je ne fais qu'indiquer ici. D'ailleurs il ne faut point perdre de vue que, dans nos idées, société et expiation sont toujours identiques, et voilà pourquoi le fondateur d'une cité antique est partout un meurtrier : ce type est universel.

Je voulais seulement établir que la peine de mort, dans un temps, fut, en effet, un sacrifice, un acte religieux, et, osons le dire, puisque cela est ainsi, un auto-da-fé.

Suivons cette ligne d'idées, suivons-la, en quelque sorte, chronologiquement, toujours dans l'hypothèse secondaire où je viens de me placer, pour ne pas quitter M. de Maistre.

Les sacrifices humains et l'antropophagie.

Les sacrifices d'animaux et le régime carnivore.

Le blé a été le don de la prévoyance, et de plus la modification du régime carnivore.

La modification du régime carnivore pur a été un pas vers l'abolition de l'antropophagie.

Le régime herbivore pur n'a jamais existé pour l'homme, tel qu'il est aujourd'hui : c'est une erreur de croire que le monde actuel ait commencé par là. Nous avons déja parlé des fables de l'âge d'or.

C'est une erreur encore de croire que les sacrifices sanglants ne sont venus qu'après les sacrifices non sanglants. D'après Macrobe, ce fut Hercule qui abolit, en Italie, les sacrifices humains. Les peuples de la péninsule italique auraient donc aussi commencé par l'antropophagie, car ce genre de sacrifice en serait toujours la preuve.

Je n'écris point une théosophie : sans cela, j'aurais à parler du sacrifice d'Abel et de celui de Caïn, comparés ensemble ; j'aurais à parler du sacrifice chrétien.

Je reste dans les considérations les plus générales, sans porter un œil téméraire sur nos propres traditions, sur nos dogmes : ce n'est pas ici le lieu.

M. de Cesare s'est trompé sur l'origine du sacrifice, ou sur les idées qui y ont conduit. C'est M. de Maistre qui a raison. Le sacrifice, très certainement, repose sur la pensée de l'expiation, et non sur celle de présenter aux Dieux une nourriture semblable à celle des hommes. Ce qui l'a égaré, c'est l'analogie que nous venons de remarquer entre la nourriture de l'homme et la matière du sacrifice. Les Dieux, ou n'avaient pas besoin de nourriture, ou avaient le nectar et l'ambroisie. La Bible, sur ce sujet, explique parfaitement Homère.

Toutefois ne négligeons pas de remarquer que la pensée fondamentale de l'expiation a pu s'altérer et même se pervertir entièrement, et qu'il y a un état de barbarie qui n'est point un état primitif; mais, au contraire, un état de dégénération d'où il faut que les peuples se relèvent. Ainsi donc, ce n'est point dans telle ou telle tradition locale; c'est seulement dans ce que chaque tradition a de commun avec toutes les autres, que se trouve la grande pensée de l'expiation. Il est facile alors de comprendre pourquoi je ne puis m'arrêter à présenter tant d'appréciations diverses.

Toute l'induction que nous avons à tirer de cette digression, c'est, comme je viens de le dire, que la peine de mort, à un âge de tous les peuples anciens, fut un sacrifice: c'est une forme primitive, une expression générale du genre humain. Rien n'était plus facile que l'abus; aussi l'abus n'a-t-il pas manqué. La victime innocente a été quelquefois immolée comme victime innocente;

plus souvent, il faut le dire, le coupable ; plus souvent encore le vaincu, quelquefois aussi le malheureux comme spécialement marqué du sceau
du malheur, car sacré a voulu dire, dans ces mêmes langues, fatal, dévoué au malheur, prédes-
tiné au mal. Des Dieux cruels voulurent qu'on
leur immolât des naufragés ; dans des grandes calamités, ils voulurent être apaisés par des héca-
tombes humaines. Un certain nombre de victimes
étaient réclamées par le ciel irrité ; on prenait
d'abord des coupables, puis des innocents pour
completter le nombre exigé. Des guerres même
défensives commencèrent par cette odieuse sup-
plication. Des traités de paix furent cimentés par
le sang. Mais je ne sais plus m'arrêter.

M. de Maistre menace des plus grands malheurs,
d'une dissolution complète la société qui abolira
les supplices. Je ne sais s'il est permis de regretter l'atrocité de la législation criminelle, que
Louis XVI, le premier, avait commencé à dé-
truire. Les malheurs et les crimes de la révolution
seraient-ils, par hasard, une punition de cette
haute imprudence de Louis XVI ? La société,
pour employer une expression remarquable par
son étrange énergie, par sa barbare originalité,
et que l'apôtre du passé pouvait seul trouver, la
société serait-elle devenue insolvable à l'égard de
la justice divine ? Voilà, il faut l'avouer, une sin-

gulière explication de l'anarchie et des échafauds
de 93; et sur-tout, voilà qui me confond, et qui
en confondrait de moins hardis, car cette législation criminelle, lorsqu'on en lit à présent les détails, nous fait frémir dans tout notre être. C'est
un véritable chaos d'horreur, d'ineptie, de froide
cruauté. Il fallait toutes les indolences dans lesquelles nous étions malheureusement bercés,
pour que nous pussions ne pas y prendre garde
au milieu même du progrès de toutes les idées de
justice et d'humanité. Pour le dire en passant, et
pour rendre justice à qui elle est due, c'est Voltaire sur-tout qui, par ses cris puissants, ses cris
de tous les jours d'une si longue et si éclatante
vie, appelait notre attention, contraignait notre
pensée pusillanime à s'arrêter sur ce triste objet
de notre indifférence et de nos trop longs dédains.
Ce rire sardonique, habituellement produit sur
ses lèvres par une contemplation railleuse de nos
destinées, s'effaçait lorsqu'il sentait en lui, ou les
vives inspirations de la gloire, ou les sympathies
généreuses de l'humanité. La société, insolvable
par l'abolition des supplices! Que sera-ce donc
de l'abolition de la peine de mort? Que sera-ce
encore de l'abolition de toute peine entraînant un
effet irrévocable? Tranquillisons-nous. Dieu, qui
en sait plus que M. de Maistre, a permis successivement la désuétude des lois rigoureuses, à me-

sure que le sentiment moral s'est perfectionné.

Si je ne me trompe point, voici la progression naturelle des peines et des châtiments, et de leur adoucissement successif.

Anathême porté contre des populations entières pour le crime de quelques-uns, ou même pour le crime d'un seul : cet anathême, depuis long-temps, n'existe plus, ni dans nos mœurs, ni dans nos formes légales. Un préjugé a survécu, mais il va s'atténuant de jour en jour.

La mort s'étendant du coupable à toute sa famille, et j'oserai dire aux choses mêmes du coupable : cette législation d'une cruelle solidarité a péri à son tour. Il n'en reste, non plus, qu'un préjugé affaibli.

La torture n'a pu résister aux attaques du siècle qui vient de finir. C'était un dernier reste des jugements de Dieu, lesquels sont fort anciens. Les jugements de Dieu appartiennent à cette jurisprudence patricienne qui succéda immédiatement, comme nous l'avons vu, à la jurisprudence primitive, ainsi que le droit de vie et de mort du père sur les enfants, ainsi que toutes les jurisdictions de l'intérieur des familles. La graduation de la peine capitale elle-même, par la variété des supplices, avait survécu à la torture; elle a été aussi abolie, et cet agent incompréhensible, l'horreur et le lien de toute association humaine, du moins, ne peut plus se vanter de sa hideuse habileté.

La confiscation, autre conséquence de cette législation qui étendait le châtiment, du coupable à la famille, la confiscation n'est plus dans nos facultés de vengeance.

Maintenant, l'abolition de la peine de mort est réclamée avec cette sorte d'unanimité, qui ne peut tarder de triompher, parceque c'est l'unanimité des hommes qui ont la pensée sympathique de ce siècle.

L'humanité, marchant toujours de triomphe en triomphe, achèvera de désarmer les bourreaux, les geoliers, les gardiens des bagnes; et la gêne, éternel opprobre de tous les codes criminels, sera forcée de s'enfuir.

Enfin, on en viendra, tôt ou tard, à l'abolition de toute peine, qui entraîne après elle un effet irrévocable.

Jour de bénédiction, je te salue dans un avenir qui ne peut long-temps se faire attendre; car le genre humain ne met plus des siècles à accomplir son œuvre. Les chaînes de Prométhée tombent de toutes parts. L'antique Eurysthée cherche en vain le nouveau travail qu'il peut imposer encore à l'Hercule affranchi.

Cette étrange profession de foi que vient de produire l'esprit réactionnaire, où l'on a voulu affirmer la croyance par le supplice des parricides, est une torche impuissante qui n'allumera aucun bûcher.

La société ne pourra donc plus supplier par le sang; et les disciples de M. de Maistre seront obligés de se réfugier dans la pensée qu'il restera toujours une veine de sang humain ouverte, celle de la guerre.

En effet, M. de Maistre regarde aussi la guerre comme une forme d'expiation. Je ne le conteste pas, mais n'est-ce que cela? Examinons. La mort est une des conditions de la vie; la guerre condamne un certain nombre d'hommes à mourir sur les champs de bataille; elle est donc un genre de mort ajouté à tous les autres. La guerre a été, dans la main de Dieu, un moyen providentiel, un instrument de civilisation. De plus, il est évident que les questions sociales les plus importantes ne peuvent se décider que par les armes; et remarquez bien qu'un combat entre des hommes est un combat entre des intelligences, combat dont le signe terrible est l'immolation d'un plus ou moins grand nombre de victimes. La force physique, ici comme ailleurs, n'est que l'emblême de la force intellectuelle ou morale. La guerre est donc souvent légitime, même la guerre civile. La victoire est l'ascendant d'êtres intelligents sur d'autres êtres intelligents, ascendant qui se manifeste dans le fond des ames plutôt qu'il n'apparaît par les chances extérieures des armes, et même on ne peut l'expliquer autrement. La valeur n'est que la foi, sous une forme différente. Voilà pourquoi une croyance religieuse ou fatale, un sentiment très exalté, une grande confiance dans la fortune d'un chef, dans la justice ou la sainteté d'une cause, sont des raisons si puissantes de victoire. Les poëtes indiens ont bien connu cette force mystérieuse qui perd ou qui gagne des batailles, qui choisit ou épargne des victimes. Deux armées immenses sont en présence, et près d'en venir aux mains. Les chefs sont en avant. Les deux rois ennemis s'approchent pour conférer entre eux, avant de donner la bataille. Cette conférence est un système complet de théosophie et de morale, et forme à lui seul un volume, que la société asiatique nous a donné séparément du poëme. Cette invention du poëte indien peut nous paraître étrange; mais elle donne une idée juste de la philosophie et de la poésie des sages de l'Inde. Ajoutons encore que l'homme trouve à exercer, parmi les chances de la guerre, un genre de facultés et de vertus, qu'il n'aurait pas connues sans elle. La pensée de l'épreuve se retrouve par-tout. Remarquons toutefois que même les guerres les plus justes et les plus saintes entraînent avec elles des excès qui révèlent aussi les plus mauvais côtés de la nature humaine, tantôt si haute, tantôt si abjecte, tantôt si noble, tantôt si brutale, tantôt si pure, tantôt si perverse. Ces sortes d'excès, au reste, tendent beaucoup à diminuer.

Ce que nous disons de la guerre peut se dire également du duel, lorsqu'il n'est pas simplement une stupide férocité. Il fut long-temps reconnu par les lois. Néanmoins la religion ne doit pas l'approuver, et les perfectionnements naturels de la société le feront disparaître. Soyez certains qu'il y a là une législation tout entière, qui reposait sur autre chose que sur des conventions, qui a sa racine dans nos anciennes mœurs, et qui nous a préservés des horribles représailles du stylet. Les Scythes, au nombre de leurs coutumes, eurent-ils celle du duel judiciaire? On pourrait l'induire d'un passage d'Hérodote. Au reste, le duel se présente par-tout, mais sous des formes différentes. Chez les Sarmates, d'après Ovide; chez les Germains, d'après Tacite; chez les Romains, d'après Tite-Live et Denys d'Halicarnasse, les assemblées de délibération étaient composées d'hommes armés. Dans l'ancienne langue romaine, le mot droit signifie force. Les formules restées dans une jurisprudence postérieure, témoins immobiles d'une jurisprudence antérieure, attestaient qu'à une époque, dont la date ne peut être déterminée, les procès et les jugements furent des combats et des victoires.

La guerre est toujours juste pour le soldat, et même pour le général, car ils suivent la foi du prince ou de la patrie, à moins cependant d'une évidence complète. Que veut donc dire, dans M. de Maistre, cette comparaison du soldat et du bourreau? A-t-il oublié le danger qui ennoblit la profession du soldat? Néglige-t-il, dans ses motifs d'examen, le genre de vertus développées dans l'homme par la guerre elle-même? S'ils suppliant l'un et l'autre par le sang, s'ils font l'un et l'autre un sacrifice expiatoire pour la société, du moins l'un des deux livre son propre sang. L'un est justement flétri, l'autre le serait injustement : voilà toute la différence.

Néanmoins, lorsque l'homme social sera plus nourri encore du sentiment moral, le soldat sera obligé, ou plutôt il ne pourra plus s'abstenir d'examiner lui-même, de discuter avec les siens, la cause pour laquelle il prend les armes. Le soldat romain prêtait un nouveau serment pour chaque chef militaire qui lui était donné, et voici la formule du serment : *In sacramentum, in verba consulis, proconsulis.* C'était donc, au fond, une sorte d'identification de l'armée avec son général, une foi dépouillée de toute acception passive et purement machinale, si incompatible avec la dignité humaine. Cette identification est tout-à-fait dans le sens des sociétés anciennes. Les sociétés

actuelles auraient besoin d'une institution analogue, mais qui fût en rapport avec le progrès
des idées. Que cette institution revive! Alors la
guerre, qui est un combat d'êtres intelligents, finira par devenir un combat d'êtres moraux, où la
justice triomphera, comme ce fut peut-être, à
l'origine, dans les jugements de Dieu. C'est par
condescendance que je dis peut-être, et je serais
tout disposé à être plus affirmatif; mais je ne con-
nais point assez le fait primitif. Je sais seulement
que le temps où il fut légal, parmi nous, n'est pas
très éloigné; je sais encore qu'une loi providentielle a voulu que la force fût l'origine, la source
de toutes les institutions humaines. C'est même
un des signes du droit divin. Nous reviendrons
sur ce règne de la force qui par-tout a précédé
le règne de la justice. Mais hâtons-nous de dire
que si la justice est un progrès, elle n'est point,
pour cela, le résultat d'une convention.

Encore quelques mots sur la guerre.

Croyez-vous que déjà le soldat ne doive pas,
au moins, hésiter lorsqu'on dirige ses armes contre
des concitoyens dans l'intérieur du pays? Ne le
voudriez-vous pas instruit des circonstances où il
doit prêter main forte à la loi? Voyez ce qui se
passe en Angleterre, et qui est une leçon pour
nous. Serait-ce donc une chose morale que de réduire l'homme à l'état d'instrument aveugle? Ce

genre d'épreuve diminuera comme les autres. Déja notre mode de recrutement est un pas immense fait dans cette voie. Le soldat, comme le juré, est l'expression du pays. Ajoutons ici, puisque l'occasion s'en présente, qu'il était bien temps de modifier toute notre législation militaire, qui semblait naguère encore retenir des traditions nées dans un camp de barbares. Admettons, pour principe, que, hors le temps de guerre, et à moins d'être sur les lieux même où la guerre se fait, le soldat n'est justiciable que des tribunaux communs à tous, et sous la condition expresse de l'assistance des jurés. Les soldats ne doivent jamais cesser d'être citoyens, et d'en avoir toutes les prérogatives : si leurs droits sont suspendus lorsqu'ils sont en présence de l'ennemi, c'est uniquement par la plus impérieuse des lois, celle de la nécessité, la loi qui produisait les dictateurs à Rome, qui faisait taire le pouvoir des éphores à Sparte.

Un des grands inconvénients du duel est de rendre l'homme juge dans sa propre cause, à l'instant même où il est agité par une passion, de le faire arbitre de l'injustice dont il se plaint, de l'outrage qu'il a reçu, ou qu'il croit avoir reçu. On sent bien qu'ici je ne parle plus ni du duel légal, ni de celui où la conscience du droit pouvait donner l'ascendant de la force.

Le nombre des questions insolubles autrement

que par la guerre diminuera de jour en jour. Le duel, ainsi que je le faisais remarquer tout-à-l'heure, est lui-même une sorte de progrès qui, à son tour, doit se perdre dans un autre progrès. Le duel et la guerre sont des jugements de Dieu.

Sitôt que la guerre cessera d'être civilisatrice, la partie la plus notable de sa terrible mission sera finie, et l'épée des conquérants sera enfin brisée. De même, lorsque le sentiment moral aura pénétré plus avant dans la société, alors ce que nous appelons l'honneur disparaîtra entièrement; car l'honneur n'est, dans l'homme collectif, qu'un simulacre de ce qu'est le sentiment moral pour l'homme individuel. On a beau se débattre contre cette nécessité: le cruel empire du duel ne peut finir qu'avec l'empire factice de l'honneur.

L'apôtre du passé n'est pas seul à lutter contre l'invasion si puissante de la société nouvelle. Un autre homme, parmi nous, et cet homme est revêtu du caractère sacré du sacerdoce, a été violemment accusé de vouloir flétrir le sentiment moral, sous le nom de sens individuel. Faudrait-il donc aussi lui rappeler la voix du saint Précurseur, et lui parler de cette lumière illuminant chaque homme venant en ce monde? Toutefois il ne faut point trop se presser de résoudre la vaste question soulevée par M. l'abbé de La Mennais. Il est impossible d'embrasser d'un seul regard le

champ de la discussion actuelle, si prodigieusement agrandi. Tout en blâmant avec les égards
que l'on doit à une vive conviction et à un talent
du premier ordre; tout en blâmant, dis-je, quelques formes d'une éloquence souvent exaspérée,
sachons gré toujours à l'auteur d'une doctrine im-
posante par elle-même, d'avoir su se placer cou-
rageusement au-dessus des susceptibilités d'une
orthodoxie étroite et ombrageuse. La cause est
soustraite à la juridiction des écoles; c'est du
genre humain qu'elle ressort à présent, puisque
c'est devant lui qu'il y a appel. Nul n'est plus disposé que moi à reconnaître la compétence de ce
tribunal auguste, resté dépositaire des traditions et
des promesses. Ailleurs je viendrai assister et peut-
être me mêler à ce grand débat qui doit, de jour
en jour, prendre plus de solennité. Continuons.

Pourquoi l'homme a-t-il besoin d'expérience
pour toutes les idées qui le font homme; et pourquoi les animaux n'en ont-ils pas besoin pour être
complets en ce qu'ils sont?

L'homme, comme être intelligent, est tenu aux
lois de l'intelligence; comme être physique, il subit les lois de l'organisation physique.

Une des choses qui distinguent l'homme de la
brute, c'est, dans l'homme, la faculté d'enfreindre
la loi de son être.

L'homme ne peut s'étudier lui-même, que lorsque de grandes expériences sont acquises par la multitude des faits. Il ne peut se connaître qu'en connaissant les autres.

Dans le huitième livre d'Orphée, l'un des hiérophantes de l'initiation dit que les animaux sont, en quelque sorte, des organes ajoutés à ceux de l'homme; ce n'est point assez. Le dogme de la métempsycose, comme tous les dogmes absolus dans les fausses religions, est une vérité défigurée. Je dis fausses religions, pour désigner celles qui affirment un emblème à l'égal d'un dogme, genre de nuage qui, sans doute, était dissipé, du moins en partie, pour les initiés, dans les Mystères.

Considérez l'action magnétique de l'homme sur les animaux. La pensée humaine agit en eux, fait violence à leurs instincts naturels. Le Lapon parle à l'oreille du renne. Les différentes espèces de chiens trahissent, pour l'homme, leurs appétits et leurs propres espèces. Ils deviennent l'homme même. Le cheval fait partie de son noble maître, et s'enflamme de ses passions.

Les animaux ne sont point destinés à s'élever jusqu'à la sphère de l'homme; mais, s'il est permis d'employer une telle expression, ils sont destinés à être absorbés par lui. Ils sont sans individualité, sans spontanéité, et néanmoins le principe immatériel qui est en eux ne peut être anéanti. Y aurait-il une loi cosmogonique perpétuelle, en vertu

de laquelle l'être qui est au sommet d'une hiérarchie d'organisations rappellerait sans cesse à lui,
se rendrait propre, par une attraction continue,
le principe immatériel de toute la sphère où il
domine?

La loi d'un être intelligent et moral est de se
perfectionner lui-même; car, sans cela, il serait
semblable aux animaux, dont l'instinct reste im-
modifiable, à moins qu'ils n'entrent dans l'atmosphère magnétique de l'homme par la domesticité;
et l'on peut concevoir que l'essence de toutes les
espéces gravite, de proche en proche, vers l'essence des animaux domestiques. Le progrès pour
les animaux est donc l'approche des influences de
l'homme; mais auparavant il faut que l'homme
cesse d'être le tyran des espéces domestiques.
L'homme, par sa nature de créature intelligente
et libre, ne peut être confondu; elle absorbe,
sans être absorbée : ceci fait comprendre la
grande erreur du système de la métempsycose.

Toujours est-il que les animaux partagent incontestablement avec l'homme le fardeau du mal.
Il est facile même d'entrevoir que c'est pour l'al-
léger d'autant. Ils sont donc réellement nos com-
pagnons.

D'après la Genèse, les animaux ont été nommés
par l'homme, et condamnés avec lui. Il y a donc
une solidarité passive, une sorte de communauté

de destinées. Mais nous retrouverons l'occasion de parler encore des animaux, voile mystérieux qui excite toute notre curiosité, et que nous avons tant de peine à soulever.

Revenons sur nos pas. L'homme, disons-nous, est soumis à la loi du progrès.

Le sentiment moral a, de tout temps, réagi contre les croyances immorales : il est donc indépendant des croyances et de l'autorité. Dans tous les cas, il faut que le sentiment moral approuve les directions de l'autorité. J'aurai à m'expliquer, un jour, sur l'origine et les attributions de l'autorité ; mais auparavant j'ai tout un ordre de choses primitif à explorer. Il suffit de dire ici que le sentiment moral est le véritable gardien de la liberté humaine.

De là l'union du sentiment individuel et du sentiment général ou sympathique, sous la loi du progrès, à la condition de cette loi.

Savoir et aimer, voilà tout l'homme. Il est donc appelé à développer à-la-fois, ou successivement, par la société, son intelligence et son sentiment moral. Je crois même que le développement du sentiment moral ne peut être complet, ne peut approcher d'être complet, que par le plus grand développement possible de l'intelligence. Les décisions d'un sentiment moral, lorsqu'il est fortement exalté dans de hautes intelligences, finissent bientôt par être à l'usage de tous. Les sympathies de l'humanité rendent communs le bien et le mal.

Voyez ce qui se passe chez les enfants. Le sentiment moral ne s'y manifeste qu'avec l'intelligence, qu'à l'aide et en proportion de l'intelligence.

Peut-être serait-il permis de dire que l'intelligence n'est qu'un instrument, pour hâter l'évolution du sentiment moral : de là la nécessité des lumières pour rendre l'homme meilleur, pour accomplir le retour vers la loi primitive de notre être.

De là le besoin des lumières pour un peuple, à moins que vous ne preniez la responsabilité de ses actions, en le rendant esclave, c'est-à-dire à moins que vous ne suspendiez la loi chrétienne.

L'homme et le genre humain ont besoin d'éducation. Il faut que l'homme et le genre humain se fassent eux-mêmes, ou se refassent, pour parler plus exactement le langage des anciennes traditions, pour parler conformément aux doctrines universelles, pour être enfin en accord avec la Bible.

Ainsi l'autorité, c'est-à-dire la science adoptée avant l'examen, n'est que pour enseigner à l'homme ce qu'il doit savoir avant qu'il ait pu apprendre lui-même; mais il est destiné à se rendre propre ce qu'il a appris, à en faire son étude pour acquiescer, pour trouver conforme à sa nature, à ce qui est en lui, enfin pour s'assimiler la science générale : dès lors, avec cet instrument donné par la Providence, et donné primitivement, puis rendu propre à chaque individu, il doit aller au-delà, faire de nouveaux efforts, qui, à leur tour, serviront à d'autres, entreront dans la masse des connaissances humaines.

L'autorité, et je prends ce mot dans une accep-tion philosophique différente de l'acception légale dont j'ai promis, plus haut, d'expliquer ailleurs le sens profond, l'autorité, c'est la tradition, c'est l'expérience, c'est le consentement général, c'est le genre humain initiant chaque homme, et lui montrant ce qui est en lui.

L'autorité, c'est le genre humain apparaissant à tous les hommes, recueillant les pensées de tous pour les transformer à l'usage de chacun.

Mais, encore une fois, il faut que l'homme ap-prouve, qu'il s'assimile, et finisse par tout trouver en lui. L'homme est une créature intelligente, morale, et libre. C'est là-dessus, au reste, qu'est fondé le dogme de la rédemption, aussi bien que celui du péché originel.

Ne privons donc pas l'homme du sentiment mo-ral : tâchons plutôt de perfectionner ce sentiment en nous, et de le perfectionner dans les autres.

L'abus du principe de l'autorité va directement

à l'abolition de la liberté, à l'abolition du sentiment moral. L'autorité, dans le système de l'absolu, tend à placer la conscience hors de l'homme,
et il faut toujours qu'il la trouve en lui. Une fois
arrivés à une si profonde abnégation du sentiment moral, vous devriez adorer les décisions des
casuistes, même celles que Pascal foudroyait de sa
pressante et ironique éloquence.

On s'irrite contre l'individualité. On craint que
la société ne se résolve en individualités. Cependant il reste toujours une force morale à laquelle
chacun obéit, qui est le lien de tous, qui part d'un
centre commun, et qui retourne ensuite de la cir-
conférence au centre. C'est l'état, c'est l'opinion,
c'est la société qui se gouvernent. Ce n'est plus le
petit nombre qui pèse sur la multitude, c'est tous
exerçant une influence sur chacun. L'opinion de
tous gouverne; l'opinion de chacun se forme, se
modèle sur l'opinion de tous, y acquiesce librement, ou s'y soumet librement, sans toutefois y
acquiescer complètement. Enfin il reste l'instinct
sympathique, lien admirable, qui unit tous les
hommes de tous les temps et de tous les lieux.

En un mot, la volonté humaine est une puissance dont la sphère d'activité s'étend: nous voici
bien loin de l'individualité, puisque c'est tout le
contraire.

L'égoïste est une sorte de vampire qui veut

nourrir son existence de l'existence des autres.
L'être personnel se fait centre; il croit que les
pensées des autres ne sont bonnes qu'autant
qu'elles peuvent servir à illustrer sa propre pensée : le monde des abstractions, le monde des réalités, tout doit être à son profit. Il veut exciter
l'admiration, et non faire du bien. Peu satisfait
d'exercer de l'influence autour de soi, et d'en recevoir du milieu social où il se trouve placé, il
veut régner par ses facultés; et ce n'est pas pour cet
usage que ses facultés lui ont été accordées. Peuples, usez de lui malgré lui; et si vous élevez un
piédestal à une telle statue, la statue manquera
toujours, car l'égoïsme ne peut en avoir.

L'homme fortement imprégné du sentiment
moral est en sympathie avec ses semblables. Sa
vie est une vie toute sympathique; c'est dans le
sentiment moral qu'est le remède tenu en réserve
par la Providence pour obvier aux dangers de
l'individualité; je m'explique mal, je ferais mieux
de dire, pour faire que l'individualité ne soit réellement pas, que le genre humain ne cesse pas
d'être un.

Non, ce n'est point aux apôtres du passé à m'expliquer les hautes doctrines de la solidarité, de
la réversibilité, du sacrifice; ce n'est point à eux,
car de mystères d'amour ils font des mystères de
terreur; ils veulent imposer à l'âge mûr les mail-

lots de l'enfance, et prolonger la tutèle dont le christianisme fut l'émancipation. Ils voudraient ressaisir les castes, dépouillées à présent de leurs facultés initiatrices et conservatrices des traditions; ou, à défaut des castes, perpétuer un préjugé d'influence qui ne leur appartient plus, la direction des choses dont ils sont désaccoutumés, le sceptre qui est vermoulu entre leurs mains, et qui n'est plus la tige florissante de Jessé.

En vérité, et ceci fait frémir, il a fallu dix-huit siècles au christianisme pour achever de développer ses conséquences; et c'était une doctrine venue d'en haut.

Et voyez vous-mêmes.

L'esclavage a vécu plusieurs siècles sous la loi chrétienne, et malgré cette loi. A peine l'esclavage avait-il succombé, que l'homme malheureux a été saisi de nouveau, saisi par la servitude: tant devait être longue et difficile l'émancipation chrétienne! Et voilà que l'on voudrait encore en retarder le dernier développement!

Aristote, sous l'empire nommé immoral du polythéisme, a dit cependant que la politique était une partie de la morale. Machiavel, sous la loi chrétienne, si éminemment morale, puisque c'est la morale même, Machiavel a osé séparer la politique de la morale, et a fondé une école qui dure encore, la plus perserve de toutes.

Le christianisme n'a-t-il donc pas complètement aboli cette antique poésie d'Hésiode, qui
fut la philosophie des premiers âges? L'or et
l'argent composent-ils l'ame des uns, le fer et l'ai-
rain composent-ils l'ame des autres? Aristote se
perd dans des arguments fort subtils pour prouver
que l'esclavage est une institution naturelle. D'a-
près lui, ainsi que nous l'avons déja vu, le droit
suppose l'égalité: cette maxime, vraie en soi, a
égaré ce puissant génie, en ce qu'elle le portait à
convertir un fait actuel en principe absolu; c'est,
sans doute, une des raisons qui lui faisaient admettre l'esclavage. Les publicistes du moyen âge,
nous le voyons par les héritiers de ces temps,
n'hésitaient point à croire qu'il y a des ames vas-
sales et des ames serves. Platon ne veut pas que
l'instruction se donne la même à tous. Et cependant plusieurs philosophes, contemporains d'Aristote, professaient, à l'égard de l'esclavage, une
autre doctrine que celle du maître. Leurs opinions, au reste, ne sont plus connues que par les
réponses aux objections qu'ils faisaient. Les rayons
de la vérité n'ont jamais été éteints tous à-la-fois.

Au reste, une erreur a toujours pour racine une
vérité; sans cela elle ne pourrait subsister. La civilisation de l'Orient était fondée sur les castes,
celle de Rome et de la Grèce sur l'esclavage. Je
ne dis rien, en ce moment, de l'institution du pa-

tronage, parceque j'aurai à la faire connaître dans
toute son étendue et dans toute son énergie. Une
fois admis que la société était une institution naturelle, principe qui n'a été contêsté que dans le
dernier siècle, il a bien fallu admettre que les
choses sans lesquelles on ne pouvait concevoir
la société étaient naturelles aussi. Arrivé là, il
n'y a plus qu'un pas à faire, et ce pas, pour certains esprits, est un abyme; il suffit d'en venir à
comprendre que les formes sociales se succèdent
avec les âges de l'esprit humain, et que toutes sont
bonnes, chacune dans son temps; toutes sont initiatrices. Dans le monde successif, tout doit avoir
des lois successives. De là, il sera facile d'arriver à
ceci, qu'un progrès est un perfectionnement.
Permettez donc à la société de se perfectionner.
Je vais au-devant d'une objection. La société n'est-
elle pas soumise à la loi qui atteint tous les êtres,
celle de la vieillesse et de la mort? Oui, sans doute;
et, depuis les temps historiques, nous savons combien de sociétés humaines ont subi cette loi générale des êtres. Mais je ne parle jamais que de la
société générale du genre humain; et celle-là va
toujours se perfectionnant. Encore un mot sur ce
sujet. Lorsqu'on veut conserver des formes sociales usées, et les conserver en dépit du progrès,
c'est alors qu'elles sont contre la nature, c'est-à-
dire contre la Providence, négatives du droit di-

vin. Si, par exemple, il pouvait être prouvé que l'institution des castes ait été, à l'origine, dans l'Inde, comme une initiation appliquée à la société elle-même, pour diriger les hommes d'intelligences diverses; qu'ainsi le partage des castes fût primitivement le partage des genres d'épreuves, selon la variété des facultés humaines, il en résulterait qu'à une époque antérieure on devait s'élever dans la hiérarchie des castes, comme, plus tard, on s'éleva dans les grades emblématiques de l'initiation égyptienne par les épreuves successives. Les grades de l'initiation et la hiérarchie des castes auraient donc été identiques, et les prêtres de l'Égypte n'auraient fait que transporter, dans leurs souterrains, une image des antiques sociétés de l'Inde, lorsque déja, peut-être dans l'Inde, le mouvement progressif avait été arrêté; parceque le fait qui ne manque jamais de se manifester, celui de la forme religieuse, s'introduisant dans la forme civile, et se l'assimilant, ce fait y aurait gouverné trop tôt les esprits, et les aurait gouvernés sans préparation. Nous expliquerions ainsi pourquoi, dans les sociétés de l'Inde, l'idée primitive ayant été pétrifiée, ce qui était préparatoire est devenu définitif; pourquoi il y a eu des castes indéfiniment condamnées à l'opprobre, comme il y en a eu d'élevées par elles-mêmes, sans la condition de l'avancement individuel. La Chine, encore à présent, peut nous faire comprendre ces sortes de consolidations d'un état social. Au reste, cette hypothèse sur les sociétés de l'Inde n'est pas purement gratuite; elle est fondée sur une forte analogie, l'analogie universelle que j'ai indiquée du patriciat et du plébéianisme, dont nous retrouverions l'empreinte typique chez tous les peuples, dans toutes les institutions de l'antiquité. Elle est fondée également sur ce que nous savons des écoles de Pythagore. Si je n'entre dans aucun détail sur ces écoles célèbres, c'est parceque les choses que j'aurais à dire me détourneraient trop, en ce moment. Je serais obligé sur-tout de chercher, dans l'institut lui-même, les causes qui en amenèrent la destruction violente et presque spontanée dans toutes les républiques de la grande Grèce. J'aurai occasion de m'arrêter, ailleurs, sur cet objet important.

Les formes religieuses du christianisme veulent, à présent, s'introduire dans la société civile; cette transformation est inévitable, par la même raison, et elle sera un grand bienfait, au lieu que la consolidation de l'Inde fut un malheur. L'esclavage, sans doute, dans l'origine, ne fut qu'une interprétation plus humaine du droit de vie et de mort acquis par le vainqueur sur le vaincu; et ce droit est devenu la traite des pirates et des barbares sur le Pont-Euxin par des peuples plus civilisés, et enfin la traite des noirs, sur les côtes de l'Afrique, par des nations chrétiennes.

Aux natures distinctes qui, d'après la plupart des philosophes, séparaient les créatures humaines, il faut ajouter, d'après M. de Maistre, la nature qui fait le bourreau, et la nature qui fait le souverain : « Car, dit-il, et il faut bien répéter ses propres expressions, car Dieu, qui est l'auteur de la souveraineté, l'est aussi du châtiment. »

Qu'Aristote classe l'espèce humaine en différentes catégories; que Platon et Aristote trouvent la noblesse et l'esclavage des institutions essentiellement naturelles, cela ne m'étonne point; mais que ces catégories se soient perpétuées sous la loi chrétienne, et qu'après que l'esclavage et la servitude ont disparu, l'on veuille perpétuer une distinction par la naissance, et continuer de dire qu'il y a une nature noble et une nature plébéienne, ou, en d'autres termes, deux essences humaines, c'est une théorie frappée de désuétude, et devenue factice, qui n'est appuyée d'aucune croyance, qui est contraire à tous nos instincts actuels, que la force seule peut prolonger au-delà de son existence vraie. Il n'y a plus de nobles que des individus et non des races, et ces individus nobles sont ceux qui s'élèvent au niveau du progrès social; il n'y a plus de plébéiens que les individus en arrière de ce progrès. Nous rencontre-

rions encore ici la pensée des hiérarchies pythagoriciennes, si je ne venais pas d'expliquer la
raison qui me porte à m'en occuper ailleurs plus
spécialement. Qu'il me soit permis néanmoins
d'ajouter à ce que je disais tout-à-l'heure, que le
tort des pythagoriciens fut d'avoir voulu faire de
leur institut philosophique une institution politique, et que ce fut là, sans doute, la cause de la
funeste catastrophe dont je parlais.

Nul ne peut franchir, malgré lui, un grade
dans l'initiation humaine : tout avancement doit
être consenti par celui à qui il est offert. Ce sera
toujours ainsi, à mesure que la société fera des
progrès adoptés par les uns, niés par les autres.
C'est cela qui constitue, en définitive, le peuple
vaincu et le peuple vainqueur : seulement la victoire a un autre signe que la puissance des armes.
La force réelle finit toujours par être du côté de
l'avenir, au lieu de rester du côté du passé; c'est
dans de tels temps, que les dieux abandonnent le
parti de Pompée, et se mettent, contre Caton lui-
même, du côté de César.

Que des peuples païens aient jadis, avant l'ère
de l'affranchissement, fait la traite des esclaves
sur les rives inhospitalières du Pont-Euxin, il faut
bien le croire; mais pourra-t-on croire que des
peuples chrétiens l'aient faite si long-temps, sous
la protection des lois, dans toute la Méditerranée,

pour en trafiquer ainsi dans le Nouveau-Monde? Pourra-t-on croire sur-tout que ce détestable commerce ait survécu aux lois odieuses qui le régularisaient, qui, du moins, en réglaient les cruels procédés?

Le système des castes n'a pu, sans inconvénient, chez les Indiens, passer de la forme religieuse dans la forme civile; mais il n'en est pas ainsi de l'égalité chrétienne, parceque le but de la Providence est que tous les hommes parviennent à la dignité humaine.

Il m'est souvent venu dans la pensée, et ceci expliquerait la raison de la vengeance divine sur un peuple, en dépouillant toutefois cette expression de ce que le langage ordinaire lui donne de passionné; il m'est, dis-je, plus d'une fois, venu dans la pensée, que si les Juifs n'eussent pas voulu rester superstitieusement attachés à leurs traditions, à la lettre de leurs livres, à la marque cruelle dans la chair, aux formes, aux pratiques, enfin à la loi gravée sur la pierre; s'ils eussent consenti à recevoir l'adoption après la tutèle, s'ils eussent embrassé la doctrine de l'amour, ils n'auraient pas éprouvé la ruine épouvantable qui les priva de leur état social, qui les dépouilla, pour toujours, de leur rang parmi les nations, sans leur ôter leur individualité nationale, dont ils ont tant à souffrir. Ils voulurent périr malgré leurs vainqueurs.

Que la société ancienne entre dans la société nouvelle, c'est là son salut: qu'elle y entre avec ses dynasties, pour les conserver. Clovis abaissa sa tête sous la loi chrétienne, ses fiers sicambres l'imitèrent. De quoi s'agit-il à présent? d'un développement du christianisme, sous peine de périr.

Au reste, ne soyons pas étonnés s'il est des hommes qui se refusent à ce développement, qui ignorent la langue des vainqueurs nouveaux. L'apôtre du passé est venu ranimer leur foi aveugle, car ils sont, pour la plupart, hors d'état de le comprendre. Mais qu'ils sachent une chose : les Juifs malheureux, qui ont péri par milliers et par centaines de milliers au siège de Jérusalem, furent des victimes déplorables, et ne furent pas des martyrs. Le nom de martyr ne se donne qu'à celui qui meurt dans sa foi pour l'avenir. Tant que l'on reste attaché aux opinions qui ne sont plus, aux sentiments que Dieu lui-même a ôtés du milieu de la société, on est obligé de se réfugier dans l'absurde. Lisez la vie de cet empereur si puissant, qui voulut, mais en vain, rétablir le polythéisme, en présence même du christianisme, il fut justement nommé l'apostat, parcequ'il avait apostasié l'avenir, après l'avoir compris. Tout le mysticisme, toute la théurgie, toutes les superstitions les plus tristes n'ont pu le sauver d'une flétrissure dont ses grandes qualités, dont ses vertus austères auraient dû cependant le garantir.

Quelques uns aussi de ceux qui ne peuvent être en sympathie qu'avec la société ancienne, la voyant perdue, croient que c'est la fin de toutes choses. Je m'explique fort bien une si funeste pensée. Les siècles nouveaux, comme nous l'avons déja remarqué, ont toujours été accompagnés de ces sortes de terreurs.

Je ne serais point étonné si j'apprenais que, sur son lit de mort, il s'est trouvé un homme qui, au lieu de dire comme Ézéchias: Voilà que je vais mourir, a dit: Voilà que le monde va s'abymer dans le néant. Je le plaindrais, je ne me hâterais pas de le déclarer fou. Il y a quelque chose de si intime dans le sentiment de l'existence! Il y a tant de besoin de réalité en nous, d'assurance dans notre individualité !

Quant à la résistance de la part des gouvernements, elle se conçoit mieux encore. Ils s'accoutument à l'indolence et au repos. Les rois aiment à régner comme un autre homme vit, respire, voit la lumière. Ils sont épouvantés d'un changement quelconque s'introduisant dans les mœurs et dans les idées d'un peuple; encore ils s'en épouvantent trop tard. C'est pour eux l'apparition d'un météore toujours inattendu, d'un signe sinistre dans le ciel. La paisible étoile se levant sur des ber-

gers, et conduisant les mages de l'Orient dans
une étable de Bethléem, alarme le vieil Hérode;
et, pour perdre un enfant, il ordonne que les
enfants de tout un peuple soient égorgés, car
l'enfant qu'il veut perdre est l'enfant des destinées
nouvelles : cela suffit. Les gouvernements ne voudraient que des peuples stationnaires; leur devoir
cependant et leur intérêt seraient de marcher
dans la voie du progrès et du développement, d'y
marcher à la tête du troupeau qu'il leur a été
donné de conduire. Qu'ils fondent dans l'avenir,
au lieu de vouloir sans cesse recrépir le passé : ils
seront tranquilles plus long-temps. Balzac a dit
que la France avait coutume de prendre pour pilote la tempête. Nos rois, il faut bien le remarquer, ont toujours marché selon les temps; mais
ils ne les ont jamais devancés. Voilà pourquoi ils
n'ont jamais eu de repos. Ne gouverner que le
présent, c'est, en effet, se livrer aux orages. Peut-
être les princes législateurs ne peuvent se rencontrer dans une civilisation tout établie, encore
moins dans une civilisation avancée; il y a de
bonnes raisons pour cela, n'oublions pas celle de
l'émancipation, de l'affranchissement successif de
la tutèle.

Les hommes religieux qui voulurent continuer
de nier à Galilée le véritable système du monde,
auraient compromis la religion, si elle eût pu

être compromise. Ceux qui voudraient continuer de croire aujourd'hui que les jours cosmogoniques de la Genèse sont des jours en analogie avec l'espace de temps qui se mesure d'un soleil à l'autre, et que les jours à l'usage de l'homme commencent avant le temps où l'homme a pu s'en servir, ceux-là compromettraient encore la religion. Ceux qui écrivent qu'une seule forme sociale, celle du moyen âge, ou la forme théocratique, est compatible avec la religion, et que l'homme doit rester sous les lois de la tutèle, ceux-là compromettent, à leur tour, la religion, et la compromettent à un point qui fait trembler. Le sentiment moral et l'humanité ont fait des progrès dont il faut tenir compte : la religion a aidé à ces progrès ; que les hommes religieux ne les repoussent pas, car alors on serait disposé à croire qu'ils sont étrangers à la religion.

La religion chrétienne nous a enseigné toutes les vérités morales.

Établissons rapidement une suite d'idées, de déductions, et de principes.

La doctrine de la solidarité prouvée par les enseignements de l'antiquité et par le sens intime, reposant enfin sur l'unité du genre humain. Elle subsiste comme loi de la Providence, mais loi mystérieuse que les sociétés humaines n'ont plus le droit d'appliquer. Le péché originel. L'homme soumis à l'expiation, à l'épreuve; tenu de se faire lui-même. Les justes de l'ancienne loi attendant le jour de la rédemption. Le sein d'Abraham, expression métaphorique de l'état préparatoire où ces justes, dont la vie mortelle fut tout entière un acte d'espérance, étaient placés pour voir luire l'aurore du nouveau jour qu'ils avaient attendu. Le dogme d'un Réparateur de la nature humaine, empreint dans toutes les traditions générales. L'évolution plébéienne, fait universel que j'ai signalé dans l'histoire de tous les peuples, et sur lequel repose, à mon avis, l'initiation successive du genre humain. Il ne peut plus y avoir de créature humaine exclue des facultés humaines, en dehors des mœurs sociales.

La résurrection de la chair, expression vive de l'identité de l'homme, dans l'autre vie. L'être, au moment où commence sa vie organique, serait-il une image de l'être au moment qui s it la mort?

Le monde, le spectacle de la nature, matériaux de nos idées. La société, les choses de la société, matériaux de nos pensées et de nos sentiments.

La société développe l'homme. L'homme perfectionne la société. Les perfectionnements de la société font ensuite les perfectionnements de l'homme. Chaîne non interrompue de causes primitives, produisant des effets, qui, à leur tour, deviennent causes.

L'homme ne veut pas, il consent. Toute la morale évangélique, en ce sens, conforme à la morale stoïcienne, qui, pour cet objet seulement, lui servit de précurseur; toute la morale évangélique repose sur l'acquiescement de l'homme, et non sur sa volonté propre.

Ceci paraît en contradiction avec ce que j'ai exprimé plus haut sur la puissance de la volonté de l'homme, mais cette contradiction n'est qu'apparente. La loi évangélique est toute la loi morale, mais n'est pas toute la loi de l'être. Cette loi morale est en dehors de toutes les institutions politiques: elle admet toutes les formes, et ne s'occupe que de l'individu, dans ses rapports de dépendance avec Dieu et ses semblables. Ne perdons jamais de vue la pensée qui réside au fond de tout cet écrit, et à laquelle toutes les autres pensées sont toujours subordonnées, à savoir la pensée de l'homme universel, de l'homme général, et la pensée de cet homme divisé en individus distincts entre eux. C'est ainsi qu'on peut expliquer ce que j'ai dit plus haut, et le concilier avec ce que je dis ici. Ce que j'appelle l'homme général, c'est-à-dire l'homme pris dans l'ensemble des générations issues de la substance primitive, je pourrais le nommer aussi, dans un sens, l'homme cosmogonique.

L'intelligence et le sentiment moral se sont perfectionnés successivement. L'imagination a reçu un accroissement bien plus rapide et plus prompt, puisqu'elle est, de suite, parvenue à ses dernières limites.

L'homme arrive dans l'autre vie avec les perfectionnements qu'il a obtenus dans celle-ci. L'homme arrive tel qu'il s'est fait par les moyens que Dieu lui a donnés.

La philosophie des sensations a épuisé toutes ses conséquences; elle s'est brisée contre le matérialisme.

La philosophie idéaliste a aussi épuisé ses conséquences; elle s'est perdue dans la négation des réalités; comme les Indiens, elle a fait de l'illusion une puissance cosmogonique; et, chose triste à penser, elle a dû ne rencontrer que le doute, non le doute qui demande l'examen, qui implore l'expérience, mais le doute dogmatique, le doute rationnel, reposant sur une sorte d'impossibilité d'arriver à la certitude. Cela tient à ce que nous exigeons, pour la certitude, des conditions que nos facultés actuelles ne comportent pas.

Une partie de la philosophie ancienne nous est inconnue, c'est celle qui, sortant à peine de la † poésie, en avait encore conservé le langage.

La philosophie pythagoricienne est fille d'une poésie antérieure, que nous sommes obligés de reconstruire par les mythes.

La partie de la philosophie, qu'on a appelée la dialectique, est évidemment le produit nécessaire et obligé du langage. La dialectique est donc la méthode même d'une langue, et cette méthode se modifie selon les esprits.

L'homme s'est toujours trouvé dans un milieu social. Par conséquent, toutes ses connaissances reposent sur des traditions, ou sur des enseignements contemporains.

Il a l'intelligence pour comprendre, et le sentiment moral pour choisir.

L'homme se perfectionne au moyen du milieu social où il se trouve placé.

Les animaux ont l'instinct, c'est-à-dire la raison de Dieu. L'homme a sa raison propre, sa raison individuelle qui se développe aux conditions même de son existence.

Le sort des hommes dépend les uns des autres; ils sont solidaires entre eux. Chacun est soumis au destin formé par tous, mais chacun a fourni une force quelconque au destin qui l'opprime, et toujours, encore une fois, sous la condition de la liberté, de la liberté pour tous, de la liberté pour chacun. Il faut avoir présent ce que j'ai dit, à ce sujet, si souvent.

L'intelligence, dans l'homme, se perfectionne avant les sens. L'homme est obligé de faire lui-même l'éducation de ses sens. Les tableaux qui ont du relief et de la profondeur par les miracles de la peinture n'ont cette profondeur et ce relief que parceque nous sommes accoutumés, hors de l'art, et à notre insu, aux effets merveilleux de la perspective et de la lumière. On a fort bien dit que la question de la perspective, chez les anciens, est une question d'idéologie. En y réfléchissant, on trouvera, dans cette donnée, la solution de plusieurs problèmes sur les arts d'imitation.

L'animal juge de la distance, sans avoir besoin de l'apprendre, aussi ne saura-t-il jamais les illusions de la peinture. Son esprit ne percera jamais la toile d'un tableau.

L'animal sait tout ce qu'il doit savoir. L'homme doit tout apprendre.

Les animaux font partie de l'homme, dans le sens que j'ai déja expliqué : ils tendent à s'assimiler à lui; jusque là, ils sont sans individualité et sans faculté collective.

Il n'y a d'individualité qu'à la condition de la faculté collective, et l'homme seul a la faculté collective, c'est-à-dire la faculté d'assimilation ; car les fourmis, les abeilles, les castors, ne prouvent rien, si ce n'est pour les poëtes de la fantaisie.

L'homme ne sera rendu à l'individualité qu'après s'être, dans cette vie, rendu propre ce qu'il doit s'approprier de l'esprit humain.

C'est pour cela qu'il a reçu la parole.

C'est par la parole que la pensée, le sentiment moral, l'appréciation par la voie des sens, sont entrés dans l'homme.

La parole est le sens intellectuel qui sert à développer les autres sens, les sens extérieurs.

Les langues ne sont peut-être qu'un produit de cette faculté primitive qu'eut l'homme de communiquer sa pensée à la pensée de son semblable, comme nous le voyons dans le somnambulisme, sans l'intermédiaire des sens extérieurs, des organes de nos communications actuelles.

Le sourd est muet.

Les sauvages ont la connaissance d'une cause première quelconque, et quelquefois, il est vrai, très grossière. Les sourds-muets ne l'ont pas. C'est que les sauvages tiennent cette connaissance de leurs traditions, et que réduits à leurs propres idées, les sourds-muets sont sans traditions.

La foi, c'est l'ouïe, comme l'a dit un écrivain sacré, je crois saint Paul. Pour les sourds-muets, il faudrait franchir l'ouïe, et arriver directement à l'intelligence. S'il était en notre pouvoir de ressaisir la faculté primitive dont je parlais tout-à-l'heure, nous aurions trouvé le véritable traitement du sourd-muet.

Parmi les théologiens, ceux qui ont soutenu l'éternité des peines, et qui ont été moralistes en même temps, ont dit que les réprouvés méritaient incessamment la réprobation : ils ont jugé avec raison que si ce n'était pas ainsi, la perpétuité du supplice serait une chose injuste. Dans les réprouvés, disent-ils, la volonté du mal survit à la liberté, ce qui suffit pour motiver la continuité de la peine. Un jour, sans doute, et il faut desirer que ce jour ne soit pas éloigné, un jour, tous les théologiens seront d'accord sur ce point. Ils comprendront que les êtres intelligents ne peuvent se passer de liberté, même les êtres intelligents déchus. D'autres épreuves leur seront accordées, pour que tous parviennent à accomplir la loi définitive de leur être. La touchante inspiration qui a produit Abbadona attendrira la rigueur du dogme : les véritables poëtes ont quelque chose de prophétique. Nul ne doute de la religion de Klopstoch : quoique ce grand hymnographe ait appartenu à une communion qui a repoussé le purgatoire, et adopté la prédestination, il s'est rendu l'interprète du christianisme de ce temps de tolérance, comme le Dante fut l'interprète du terrible christianisme du moyen âge. C'est avec une sorte d'anxiété que je fais de telles excursions dans un domaine où peut-être il eût été de mon devoir de rester étranger ; mais comment séparer les destinées humaines de ce qui en fait l'ame et la vie, de la religion ? J'ai dit, plus haut, que tout

était successif dans le temps, même la manifestation des vérités religiéuses; que la pensée divine,
en daignant revêtir les formes de la parole, a dû
consentir à devenir successive comme la pensée
humaine elle-même. Appliquons ceci au dogme
des peines éternelles, et achevons de nous exprimer dans le langage des lois de la société. La peine
de mort est une peine définitive, relativement à
ce monde. Est-ce à l'homme ignorant à infliger
une peine définitive? est-ce à l'homme qui vit
dans le temps, et dans un temps si fugitif, à re-
trancher le temps à son semblable? Les arguments qu'on a faits contre le suicide s'appliquent
à la peine de mort, lorsqu'une fois on est arrivé
dans le système d'idées où nous sommes graduellement parvenus. Ce n'est pas nous qui nous
sommes volontairement placés dans le temps, et
la vie n'est pas, pour nous, un don purement gra-
tuit. Ce n'est point à nous à nous priver du temps
et de la vie, parceque nul n'est sûr des conditions
de l'un et de l'autre. J'en dirai autant pour la perpétuité de la réclusion, et, à plus forte raison,
pour les fers, pour les peines entraînant la flétrissure. En suivant les règles de l'analogie et de
la transformation des idées, nous trouverons que
le sentiment religieux qui fait fléchir la croyance
absolue aux peines éternelles, et le sentiment social qui nie la nécessité de la peine de mort, sont

identiques : l'un est l'expression de l'autre, comme l'un des dogmes fut l'emblème de l'autre. Mais pour que ces deux sentiments identiques puissent gouverner sans contestation, il faut que l'homme religieux et l'homme social méritent également de s'élever à un grade de plus dans l'initiation générale; car, ainsi que nous l'avons remarqué, un progrès, pour le genre humain, est toujours le prix d'un effort, la récompense d'une épreuve.

Ne laissons pas toutefois passer, sans le noter, un exemple terrible de l'abus que l'on peut faire d'une arme trop redoutable par elle-même. Les hommes ont prodigué la peine de mort, et ils ne se sont pas contentés d'infliger ce funeste châtiment: ils ont aussi infligé, quelquefois de leur propre autorité, celui des peines éternelles. L'anathème, chez les anciens, est allé jusque-là. Sous la loi chrétienne, la peine de la damnation a, trop souvent, été prononcée formellement, comme un tribunal aurait prononcé une autre sentence. Dieu, sans doute, aura pris pitié, je ne dis pas de ceux qui étaient condamnés, mais des juges téméraires qui prononçaient de tels arrêts.

Ajoutons une chose. Dieu n'a pas besoin de se défendre. La société en a besoin; c'est un devoir qui lui est imposé par la loi générale de conservation imposée à tous les êtres. Mais une mission, qui n'est point nouvelle, vient de lui être confirmée; il faut qu'elle s'applique à civiliser ceux de ses propres enfants qui ont jusqu'à présent échappé à la civilisation.

Il me reste à dire que, peut-être prématurément publié par moi, en 1818, l'Essai sur les Institutions sociales me dispense aujourd'hui de développer davantage quelques unes de mes idées. Je ne voulais insister ici que sur la pensée des épreuves successives, qui sont une partie si considérable des destinées humaines ici-bas, et au-delà.

L'homme, destiné à tenir un si haut rang parmi les intelligences, pouvait-il espérer qu'il y parviendrait sans le mériter? Dieu a trop aimé l'homme pour lui tout donner gratuitement. La souveraineté de la terre est au prix d'un genre de travail; le gage des espérances immortelles est au prix d'une autre sorte de travail. Avant donc de s'expliquer sur la sévérité des lois de la puissance créatrice à l'égard de l'homme, il faut tenir compte de la loi générale, perpétuelle, miséricordieuse de l'initiation.

Qu'on me permette de finir par où j'ai commencé.

Nous nous plaignons de ce que les plans de la Providence ne nous sont pas dévoilés. Et d'abord, pour savoir, il faudrait que nous fussions d'autres intelligences, que nous ne fussions pas destinés à nous faire nous-mêmes. Ensuite, si nous savions, où serait l'épreuve, où serait le mérite d'acquérir?

Le monde, les choses du monde, le cours des choses, les évènements contemporains, les évènements passés, les prévisions de l'avenir, les traditions, les préjugés, les lois, les mœurs, la science, la poésie, la fable, l'histoire, tout cela fait partie de l'initiation de chaque homme, de l'époptisme du genre humain.

Ce mot, consacré dans la langue des initiations, caractérise le grade le plus élevé; mais on comprend qu'une telle expression ne peut avoir, pour nous, qu'un sens relatif. Celui que j'oserais appeler l'éternel Hiérophante, comme d'anciens philosophes n'ont pas craint de l'appeler l'éternel Géomètre, Dieu, ne peut être limité dans les enseignements successifs qu'il veut bien départir à sa créature, selon qu'elle le mérite. Ainsi, d'après nos idées, l'époptisme actuel serait la consommation de l'évolution plébéienne par le christianisme, et l'abolition complète de tout patriciat: mais je suis loin de croire, pour cela, que ce soit la fin ou le terme de toute initiation.

Le sentiment de l'humanité est si nouveau, que le siècle de Louis XIV ne s'en est approché que spéculativement; jusque-là encore, en effet, des classes entières ont été exclues des sympathies sociales, étaient placées, par la force des choses, en dehors des mœurs générales. Tout prouve que l'apparition de l'homme sur la terre est un fait récent; et toutefois on ne peut se dissimuler que l'on trouve, dans l'antiquité, des traces d'une filiation de traditions si fortes et si homogènes qu'on doit les croire l'ouvrage des siècles. Ce problème, à-la-fois historique et philosophique, est loin d'être insoluble. Mes données sur le plébéianisme, dont j'ai présenté, plus haut, un premier aperçu, peuvent servir à éclairer déja une question qui recevra, par la suite, tous ses développements. Ainsi que je l'ai dit, l'évolution plébéienne est l'évolution de l'humanité elle-même.

Dieu, et je ne saurais trop insister sur ceci, Dieu a voulu que nous apprissions, que nous nous assimilassions ce que nous apprenons, enfin que nous nous fissions nous-mêmes. Dieu a voulu, de plus, que nous méritassions par la foi; et j'entends ici la foi dans un sens étendu, planant au-dessus de toutes les religions, pour ne s'appliquer qu'à ce que j'appelle les traditions générales, la religion universelle du genre humain.

C'est la révélation qui fait la différence entre la religion naturelle du déiste et la religion catholique du théosophe.

Les partisans de cette prétendue religion naturelle se trompent, et j'ai déja signalé cette analogie, ils se trompent du même genre d'erreur que, dans l'ordre politique, les partisans du contrat social, ou de la société reposant sur une convention.

La philosophie du dix-huitième siècle est donc tout entière à renverser. C'est un bélier qui a bien abattu de vieilles murailles; hâtons-nous de réduire en cendres ce bélier inutile, qui pourrait devenir un instrument dangereux.

Gravissons le mont sacré pour nous élever jusqu'à la hauteur où l'on respire ce parfum de vérité religieuse dont toutes les institutions humaines sont si intimement imprégnées, et qui s'exhale même des religions fausses; car toutes les convictions doivent être motivées, et si l'homme n'inventa pas la société, à plus forte raison, il n'inventa point une religion. C'est en ce sens que toute religion repose sur un fondement vrai. C'est en ce sens encore que l'Église, dépositaire des traditions, peut dire: Hors de l'Église point de salut.

Ne voyons-nous pas que tout, dans le monde, et dès l'origine, s'achemine vers le christianisme, seule loi, loi primitive d'émancipation et de grace? Nous ne saurions donc trop nous empresser maintenant de déclarer fausses et perverties toutes les institutions qui ne font pas faire un pas vers ce but providentiel. Le passé, le présent, l'avenir de la grande cité de Dieu sont réglés par un code éternel, immuable, toujours le même, qui est le salut de tous.

Nous sommes plongés dans un bain de révélation, si l'on peut parler ainsi. Le genre humain
vit de révélation. Des hommes de la gentilité ont
reçu le nom de prophètes.

Les objets ne sont peut-être pas tels que nos
perceptions nous les représentent, mais ils sont
l'occasion de telles représentations. Qu'importe?
Ne sommes-nous pas obligés de faire le monde ce
qu'il doit être pour nous?

Nos sensations sont des révélations; lorsque cet
ordre de révélation n'est plus nécessaire, nous
n'avons plus besoin de sensations. C'est l'autre
vie. Ceci aura lieu jusqu'à la fin du monde, et la
fin du monde, elle-même, ne sera peut-être que
cela.

Maintenant, une ère nouvelle commence, c'est-
à-dire que nous demandons un autre grade dans
la grande initiation, qui dure depuis le commencement.

Si l'esprit humain ne rétrogradait jamais, la
perfectibilité serait démontrée pour l'esprit humain, comme la succession de l'âge, pour l'homme. L'esprit humain n'aurait qu'à vivre, et non à
co perfectionner.

Alors que deviendrait la liberté? Alors que deviendrait l'obligation où est l'homme de se faire
lui-même?

SUITE ET FIN DES PROLÉGOMÈNES.

Nous allons entrer dans une région toute différente de celle que nous avons parcourue jusqu'à
présent. Nous passons, en quelque sorte, de l'initiation philosophique à l'initiation poétique.

Je ne puis dire toutefois laquelle des portes de
la vision vient de s'ouvrir pour moi, laquelle s'ouvrira tout-à-l'heure.

Qu'il me soit permis seulement de rappeler l'autorité de la poésie. Oui, le poëte est aussi appelé
en témoignage, et c'est pourquoi j'invoquais, plus
haut, un chant de Klopstock. N'oublions pas que
Constantin fit lire, au concile de Nicée, une très
belle traduction, en vers grecs, du Pollion de
Virgile, expression admirable et sibyllique d'une
attente universelle.

Les prolégomènes remuent toutes les idées,
sans les asseoir, sans presque les coordonner.
Si j'ai été quelquefois aventureux, pouvait-il en
être autrement, puisque j'avais à sonder toutes
les voies de l'initiation? Je me confie donc aux
pensées que j'ai fait naître, et non à celles que
j'ai exprimées. C'est comme un chaos cosmogonique destiné à être fécondé par l'esprit de chaque lecteur. Ainsi j'associe mes lecteurs à une
création, qui ne peut s'achever que par eux.

Il en sera de même pour l'Orphée; l'Orphée ne sera également qu'une préparation.

Par l'intervention divine, ou par la langue encore vivante des traditions, il fut donné aux anciens poëtes épiques d'entrer dans l'intimité des choses; ce moyen m'est ôté. Les sympathies générales de l'humanité sont toute mon inspiration.

Orphée sera, si l'on veut, un poëme alexandrin, mais seulement comme genre de composition, et non point comme imitation, ou comme tentative de pseudo-tradition.

Si je m'y suis tenu en dehors du mythe, c'est que ce mythe secondaire, altéré et restreint, ne pouvait me convenir; je ne devais pas me donner des entraves à moi-même. Je n'avais pas, non plus, à résoudre scientifiquement la question des Mystères de la gentilité; j'avais à interroger, selon ce qu'il m'a été donné de le faire, les traditions les plus générales. Toutefois, je n'ai pu m'abstenir de balbutier le peu que je sais de l'antique langue du symbole.

Ma fable, il faut bien que je l'avoue, appartient à mon temps, car nul ne peut s'isoler du temps où il vit. Les tragédies de Voltaire ne sont-elles pas, presque toujours, de brillants pamphlets? Mais ce n'est point là une analogie que je puisse adopter pour moi. J'aime bien mieux la chercher dans Fénélon. Lui aussi était agité par une pensée palingénésique; mais quoiqu'il marchât si bien en avant de son siècle, c'est encore à son siècle qu'il emprunte son beau langage; souvent même il s'égare, à son insu, dans d'étroites allusions.

J'aurais dû peut-être essayer la peinture des civilisations contemporaines d'Orphée; mais pour ces sociétés synchroniques de la gentilité, formant divers âges des familles humaines primitives, nous avons l'Odyssée. Était-ce à moi à refaire l'œuvre immédiate du génie des traditions?

J'ai une seule remarque importante à faire ici.

On dirait que deux trépieds furent placés sur les sommets du Caucase; l'un de ces trépieds aurait été transporté sur les monts Riphées, et l'autre sur le Parnasse: la Thrace exprime, en effet, les mythes sévères du Nord, comme la Grèce exprime les mythes riants du Midi.

Je suis resté dans une donnée trop générale pour pouvoir caractériser ces deux types, l'inspiration produite par ces deux trépieds. D'ailleurs j'avais la préoccupation des mythes italiques dont l'empreinte plus fruste me paraît, d'aspect, et sans que je puisse en dire la raison, plus primitive, et que ceux de la Grèce et que ceux de la Thrace. A mon avis, cette vieille terre du Latium est à peine effleurée.

Pendant que j'imprimais ce premier volume, on a publié un excellent travail de M. Michelet sur Vico. Je me proposais, comme je l'ai déja dit, d'exposer, plus tard, avec quelque étendue, le système du philosophe napolitain, resté oublié pendant plus d'un demi-siècle, dans sa propre patrie, et qui vient seulement d'être révélé à la France. Je ne me trouve cependant pas encore entièrement dispensé de la tâche que je m'étais imposée à son égard, parceque je voulais signaler en même temps les écueils qu'à mon avis il n'a pas su éviter. Mais, qu'il me soit permis de le dire, en attendant, ceux qui aiment à étudier un génie original et indépendant devront, malgré le mérite incontestable de son interprète, avoir recours aux ouvrages mêmes de Vico. Une rudesse quelquefois sauvage, souvent pleine de cette poésie fruste, qui rappelle le caractère du mythe italiote, enfin une audacieuse incohérence d'où jaillissent, de temps en temps, de vives clartés, remuent bien plus puissamment les idées que l'asservissement à une forme trop didactique et trop prudénte. Il faut espérer que le succès de M. Michelet l'engagera bientôt à s'occuper du complément qu'il a promis et qu'il doit à ses lecteurs français. Dans l'état actuel, en effet, les hypothèses hardies de Vico, détachées de la sphère métaphysique où elles ont été conçues, paraissent être isolées les unes des autres, et manquer de leurs appuis naturels.

Quoique je ne veuille pas, pour le moment, me livrer à l'examen du système de ce philosophe, je crois devoir néanmoins dire quelques mots de la base même sur laquelle il le fait reposer. Selon lui, le point de départ, pour toute la gentilité, fut l'abrutissement le plus général et le plus complet, les traditions primitives, après la dispersion des familles humaines, s'étant conservées seulement chez celle qui devint le peuple de Dieu. Alors, dans le silence des traditions, il fallut chercher le moyen dont la Providence s'était servi pour secouer l'intelligence humaine, et la tirer de l'engourdissement où elle était plongée. Ce moyen fut la foudre, lorsque l'atmosphère la produisit pour la première fois. De là toutes les religions de terreur de l'antiquité. De là tout le monde civil sortant peu à peu de ces religions de terreur. Sans doute je nie le fait de la foudre ébranlant ainsi les facultés humaines, et leur donnant, en quelque sorte, l'existence; mais je sais aussi qu'une telle erreur tient à un sentiment intime et profondément vrai des choses qui constituent les sociétés primitives de la gentilité; c'est une vue égarée du génie. Nous en serons de plus en plus convaincus, à mesure que nous avancerons dans la route où nous nous sommes engagés.

Si Vico eût connu les phénomènes de l'électricité, ceux qui sont entrés dans le domaine de l'esprit humain, depuis Franklin jusqu'à M. Ampère, et ceux, d'un autre ordre, dans lesquels on commence à pénétrer; si, par cette connaissance, il eût été en état d'apprécier ou de soupçonner ce que devait être la science fulgurale des Étrusques, science que tout nous démontre avoir été prodigieuse, il aurait porté bien plus loin l'assurance de ses assertions. Aussi je refuse de les admettre, non comme invraisemblables, mais comme historiquement fausses.

D'après tout ce qui a été dit, la science est primitive. L'intuition et la révélation se suppléent l'une l'autre, selon le besoin. La gentilité a eu ses organes providentiels appropriés aux lieux et aux temps. Dieu n'a jamais fait dépendre la destinée humaine de contingences fortuites. La tradition, l'ensemble des traditions, voilà le lien général et orthodoxe du genre humain.

L'orthodoxie restreinte de Vico l'a égaré. Une autre orthodoxie, celle à laquelle je suis resté constamment fidèle, lui eût épargné cette erreur. Le fait que j'ai nié se concilie, sous certains rapports, avec les faits généraux de la gentilité : on peut même dire que les facultés humaines étant en puissance d'être, le plus léger évènement qu'eût voulu la Providence, à cette fin, eût suffi pour les amener en acte de manifestation. Mais alors à quoi eussent servi les traditions générales? Qu'eût été la mission du peuple hébreu à l'égard des autres peuples, en admettant que la gentilité pouvait surmonter elle-même toutes ses ignorances?

Si le point de départ eût été, en effet, un abrutissement aussi complet que le prétend Vico, jamais les hommes n'en seraient sortis. Je crois le mutisme un obstacle invincible.

Dans le volume qui suit, la lyre d'Orphée sera pour moi ce que fut la foudre pour Vico.

Je n'avais pas besoin d'un tel secours, puisque j'admets la perpétuité des traditions; mais enfin je ne suis pas sorti de la donnée historique, en prenant ce mot dans son sens le plus vaste. Orphée est un homme providentiel, et non un accident, une cause physique.

Je déplorais naguère que la philosophie de Vico n'eût pas fait son invasion, chez nous, dans le siècle dernier, parceque je pense qu'elle en aurait tempéré la fougue dévastatrice; maintenant j'exprimerai un autre regret. L'époque récente que l'on peut trouver analogue au retour d'Esdras, a été marquée par l'apparition d'une haute philosophie, qui aurait dû amener les plus nobles, les plus fécondes discussions: malheureusement elle s'est revêtue de formes réactionnaires, et imprimait un mouvement de rétroactivité. Pendant qu'elle gouvernait certains esprits avec trop

de violence, elle enivrait les autres d'amertumes:
celle de Vico aurait apaisé les partis extrêmes.
Singulière destinée que celle de cet homme!
Lui qui fut si intuitif, il sort du tombeau lorsqu'il
n'a plus rien à enseigner. Lui qui avait tant la faculté de prévision, et qui la consuma toute dans
l'étude du passé, ne reparaît que lorsqu'il n'a plus
rien à prédire.

S'il était permis de parler de soi, j'oserais dire, à
ce sujet, que la philosophie ébauchée dans l'Essai
sur les Institutions sociales aurait pu aussi avoir
quelque utilité; c'était, comme la charte, un traité
d'alliance entre le passé et l'avenir. Mais le combat
corps à corps était déja commencé. Je crois aujourd'hui le moment mieux choisi, et je me présente de nouveau. Je me présente même avec plus
d'assurance, parcequ'à très peu d'exceptions près,
tontes les idées contenues dans ce premier écrit
sont devenues, bien plus qu'elles ne l'étaient alors,
le véritable domaine de la discussion actuelle.

Je termine ici, non que j'aie atteint le but de
ces prolégomènes, mais parceque d'autres considérations générales doivent être préparées par la
suite de la Palingénésie sociale.

FIN DU PREMIER VOLUME.

BIBLIOTHÈQUE NATIONALE

ATELIER DE RELIURE

COTE : ————————————————————————

OUVRAGE RESTAURÉ LE : ————————————

RELIÉ LE : ——————————————————————

Original en couleur

NF Z 43-120-8

www.ingramcontent.com/pod-product-compliance
Lightning Source LLC
Chambersburg PA
CBHW070756270326
41927CB00010B/2171